现代户外运动与拓展训练研究

陈向权 李 臻 齐 华◎主 编

中国出版集团　现代出版社

图书在版编目（CIP）数据

现代户外运动与拓展训练研究/陈向权，李臻，齐
华主编．—北京：现代出版社，2023.11
ISBN 978-7-5231-0611-2

Ⅰ.①现… Ⅱ.①陈… ②李… ③齐… Ⅲ.①体育锻
炼-研究 Ⅳ.①G806

中国国家版本馆 CIP 数据核字（2023）第 207659 号

编　者：陈向权　李　臻　齐　华
责任编辑：袁　涛

出 版 人：乔先彪
出版发行：现代出版社
地　　址：北京市安定门外安华里 504 号
邮　　编：100011
电　　话：010－64267325
传　　真：010－64245264（兼传真）
网　　址：www.1980xd.com
印　　刷：北京建宏印刷有限公司
开　　本：787mm×1092mm　1/16
印　　张：8.75
字　　数：220 千字
版　　次：2023 年 11 月第 1 版　　2023 年 11 月第 1 次印刷
书　　号：ISBN 978-7-5231-0611-2
定　　价：58.00 元

前　言

随着都市生活节奏的加快，人们的生活压力和工作压力与日俱增，再加上不良的生活习惯，人们的身心健康受到严重威胁。失眠、暴躁、易怒等负面情绪不仅影响到自身的人际关系，也给原本幸福美满的家庭披上了一层阴霾。户外运动的兴起与发展，给人们的生活和工作注入了活力。人们在闲暇时间去户外健身，不仅可以释放压力，还能在运动中收获友谊，扩大交际圈，尤其是经过自身努力到达巅峰，更能令人获得成就感和自豪感，这不仅能增强自信心，还能让人找到自己的人生价值。

目前，市场上关于户外运动与拓展训练的书籍很多，有注重理论研究的，有注重运动实践的，有些书籍还专门对某一项运动展开了全面论述。可以说，如果你想了解任何关于户外运动的项目，都可以在市场上找到相关的资料。本书从当下户外运动的流行项目着手，旨在提高户外锻炼者的技术和技能，使户外运动得以顺利进行。

本书共分为两大部分。

第一部分主要讲解当下户外运动比较流行的项目，例如定向运动、轮滑、攀岩、登山、山地自行车、滑雪等，这些具体项目的讲解既可以拓展户外运动爱好者的视野，也可以促进他们技术水平的提高，从而为今后的实践活动提供技术保障。

第二部分主要论述了户外运动的拓展训练，这些内容既可以保障运动安全，也可以使户外运动更有乐趣。

本书在编写的过程中注重运动项目的实践性和实用性，在技术的讲解和安全上着墨较多，理论性的内容占比不大，因为户外锻炼者掌握的技术越多，生命安全就越有保障。此外，本书还配有图片进行辅助讲解。

本书在编写过程中参考和借鉴了许多同人的科研成果和经验总结，在此表示衷心地感谢！同时也希望户外运动爱好者以及广大读者能够提出宝贵意见，以便我们对本书进一步改善。

编　者

2023 年 1 月

目　录

第一章　户外运动概述

第一节　户外运动的定义与特点

一、户外运动的定义

户外运动是什么？外国学者大都认为，人们结伴走进大自然去探索有趣、神秘、有价值的东西，征服自然的旅行活动即是户外运动。国内学者一般从广义和狭义来理解户外运动。广义的户外运动是指在室外进行的运动或活动的总称，包括室外球类、射箭、骑马、登山、探险等，晚饭后的散步和野外的郊游也可归为户外运动。总之，人在室外以休闲、健身或探险为目的的空间位移都可称为户外运动。但是，户外运动的这个定义过于宽泛，在认识和理解上容易和其他体育运动项目相混淆，同时也不能彰显户外运动独特的魅力和鲜明的个性。因此，大多数学者在提出户外运动的概念时，会特别强调户外运动中自然、野外与体育的紧密关系。例如，有的学者认为户外运动是一组以自然环境为场地（非专用场地）并且带有探险性质的体育运动项目群。

综合国内外学者对户外运动概念的论述与探讨，这里将户外运动定义为：为了增进健康、愉悦身心、亲近自然、挑战自我、寻求刺激或冒险等需求，人们在陆地、水域或空中等特定的自然环境中，以体育运动的方式所进行的具有探索性、挑战性、休闲性或健身性的户外体验活动。

二、户外运动的特点

（一）一般性户外运动的特点

1. 户外运动发生在特定的自然环境条件下

户外运动这种"特定的自然环境"与体育运动中的"自然环境"有明显的区别，室外的一片空地属于自然环境，但在这片空地上开展的篮球运动或其他体育运动并不是户外运动，因为这片空地与自然环境没有太大的联系并且不是在野外，所以户外运动的"特定的自然环境"是区别于传统体育运动的一个重要特征。

2. 休闲和时尚是户外运动发展的新方向

随着社会的快速发展和生活节奏的加快，人们在紧张的工作之余渴望释放压力和放松心情，于是回归自然、亲近自然并融入自然便成为人们的目标。户外运动本身可与大自然紧密结合，同时其表现形式轻松愉快，可以有效帮助现代人摆脱城市的烦恼与喧嚣，在内心深处找到属于自己的一片净土。

3. 人们在户外运动中可获得"高峰体验"

人们在参加户外运动过程中能感受到挑战自我极限、培养团队精神和身心愉悦的美感，这是一种来自心灵深处的满足、欣喜和超自然的情绪体验，给人带来的兴奋和欢愉的感觉是其他普通体育运动不能给予的。那种感觉犹如站在高山之巅，虽然短暂却让人心旷神怡，心理学家称为"高峰体验"。

4. 户外运动强调参与过程中人与自然的高度融合性

人与自然的高度融合性是户外运动最典型的特点，具体表现如下：在参与户外运动过程中，人们会找到真实的自我和回归自然的状态，从而使自己从工作压力和现实生活的烦恼中脱离出来，通过大自然这面镜子认清了迷失方向的真实自我。对大自然的敬畏、对自然环境的尊重、对自然规律的遵循是户外运动的真谛。

（二）大学生户外运动的特点

1. 活动空间的自然性

大学生户外运动要远离学校和课堂、远离城市，到风景优美的自然环境中开展，他们可以暂时远离学习压力、城市的浮华和喧嚣，在接近自然的状态下进行体验和学习。

2. 活动性质的实践性

与大学生在课堂教学中学习到的书本知识等书面知识不同，户外运动让大学生通过亲自动手、亲身参与和实践完成各项活动，并使其按照自己参与活动的实践经验以及对活动的体会进行总结，从而获得来自亲身实践的知识。

3. 参与人员的互动性

学校与课堂所进行的活动需要大学生通过上课、写作业等相对独立的行为完成，而户外运动需要多名学生组成一定的团队、以小组为单位开展具体活动，参与者与小组其他成员一起生活、游戏和学习，在活动中成为团队中的一员，熟悉并懂得规则、责任、理解和协同的重要性。

4. 活动内容的综合性

大学生户外运动能够综合提升其身体素质、智力水平和协同合作的组织能力，其活动内容既包括体能拓展等身体素质方面的锻炼，也包括野外物种、自然知识学习等知识方面的培养，还包括各类野外生存训练等多项生存、生活技能的培训。

第二节　户外运动的起源与发展

一、户外运动的起源

户外运动源于欧美早期的探险活动和科学考察，它最主要的表现方式是在规范和安全的前提下，从事具有一定风险且具有挑战性的活动。户外运动的起源与登山运动的诞生有着不解之缘。

欧洲西部的阿尔卑斯山区，在海拔 3 000～4 000 米的雪线附近即接近"高山植物禁区"的地带生长着一种野花——高山玫瑰。很久以前（约 18 世纪），阿尔卑斯山区一直流行一种风俗：当小伙子向姑娘求爱时，为了表示对爱情的忠诚，必须战胜重重困难和危险，勇敢地攀上高山，采来高山玫瑰献给自己心爱的姑娘。这是男人对爱情坚定、坚强、勇敢、无畏的一种表现形式。直到今天，阿尔卑斯山区的居民仍然保留着这种习俗。长此以往，阿尔卑斯山区的登山活动便发展成一种广大群众爱好和踊跃参加的活动。

18 世纪中期，阿尔卑斯山以其复杂的山体结构、气象和丰富的动植物资源吸引了越来越多的科学家的注意。1760 年，日内瓦一位名叫 H. 德索修尔的年轻科学家在考察阿尔卑斯山区时，对勃朗峰的巨大冰川产生了浓厚的兴趣。然而，他自己却未能攀登成功。于是，他在山脚下的沙漠尼村口贴了这样一张告示："为了探明勃朗峰顶上的情况，谁要能攀上它的顶峰，或找到攀上顶峰的道路，将以重金奖赏。"告示贴出后，没有人响应。26 年后的 1786 年，沙漠尼村的医生 M.G. 帕卡尔邀约当地石匠 J. 巴尔玛，两人于当年 8 月 8 日攀上勃朗峰。一年后，H. 德索修尔自己携带所需仪器，由 J. 巴尔玛为向导，率领一支 20 多人的队伍登上了勃朗峰，验证了 M.G. 帕卡尔和 J. 巴尔玛的首攀事实。英国大百科全书的"登山"条目采用了这种说法。因为现代登山运动兴起于阿尔卑斯山区，所以在世界各国，登山运动又被人们称为"阿尔卑斯运动"。

19 世纪中叶，阿尔卑斯山区的登山运动发展很快。1857 年，世界上最早的户外运动俱乐部在德国诞生，这个以登山、徒步为主要运动项目的民间组织是现代户外运动俱乐部的雏形。户外运动俱乐部的诞生促进了登山运动的发展，在 1855—1865 年的 11 年间，阿尔卑斯山脉 20 座 4 000 米以上的高峰相继被征服。在此之后，户外运动形势发生了很大变化，登山、攀岩、溯溪、溪降、漂流、探洞、滑雪、越野自行车等一些带有风险性的极限运动类活动被相继纳入户外运动项目。

二、户外运动的发展

（一）户外运动在国外的发展

西方的工业化和城市化促使户外运动逐渐兴起。户外运动强调利用自然资源（森林、山地、湖泊或海滩等）开展体育活动，其独特的休闲性让人们乐此不疲地参与其中。第二次世界大战以后，各国政府十分重视户外运动的开展，因而户外运动热潮在西方各国一直居高不下。

户外探险运动在欧美和日本、韩国等地区非常普及，日本有近三分之一的人参与探险运动，而韩国号称有近一半的人热衷于户外运动。体现了人类返璞归真、回归自然、保护环境的美好愿望，因而户外运动已被世界各国誉为"未来体育运动"。曾有人预测，在未来国际大众体育的发展过程中，户外运动将成为国际大众体育的主流。

美国的户外运动已经发展成为第二大运动，并且形成了成熟的产业。第一，群众基础广，普及范围大。第二，政府高度重视，大力提倡和支持，户外运动在美国颇受重视，联邦政府已把户外运动提高到改善国民身心健康、促进社会经济发展的战略高度，并且组建了专门的政府部门对其进行管理规划、建立相关法律法规引导其健康发展和对其进行资金资助。第三，重视人才培养，青少年参与度高，职业化培训与高等教育人才培养并行，大学设立户外运动相关课程，中小学户外运动成为与环境社会教育并重的教育内容。

欧洲作为户外运动的发源地和户外运动产业趋势的引领者，具有得天独厚的有利条件，一是自然资源丰富，户外条件优越，阿尔卑斯山、地中海、斯堪的纳维亚半岛为户外运动提供了丰富的资源。二是专业化程度高，知名品牌众多，作为户外运动之乡的欧洲，户外运动市场化程度高，各种户外运动设备齐全。欧洲户外用品最大的市场是德国，其次是意大利、英国和法国。三是群众基础广泛，户外人群庞大，法国将近一半人口都是户外运动爱好者，户外运动深受年轻人的喜爱。

从户外运动发展的整体情况来看，欧洲的户外市场容量最大，美国次之。在亚洲，虽然户外运动起步较晚，发展时间也不及欧美，但近年来，户外热在亚洲悄然兴起，户外运动成为人们新的生活理念，也成为人们追逐的新时尚。日本和韩国的户外运动呈现爆发式增长，这两国已跃升为户外用品的主要消费国，其市场前景不可小觑。

总而言之，户外运动在西方发达国家以及新兴发展中国家的发展比较迅速。

（二）户外运动在中国的发展

1. "挑战自然"探险式阶段（20世纪下半叶）

中国户外运动形式及其休闲活动的思想早已有之，但是真正意义上的户外运动项目的发展则较晚。20世纪下半叶逐渐出现户外运动组织（俱乐部）并召开全国性户外运动研讨会，是户外运动在我国发展的初期阶段，整体上呈现"挑战自然"的探险特征。早期户外运动来源于探险与科考，本身具有探求未知环境的冒险精神，人们远涉深山峻岭，在登高涉水中彰显挑战自我的精神面貌，因而最初中国户外运动最主要的活动特征为"挑战自我"，以登山项目为主。1957年，全国总工会登山队登上贡嘎山（7556米），这是第一次有组织的登山活动，具有历史意义。1958年4月，中国登山运动协会正式成立，这是户外运动划时代的重大事件。

中国丰富的山水资源，逐渐吸引国外户外运动爱好者前来，这在一定程度上引领和促进了中国大众对户外运动的了解和认识。同时，运动项目也不断增加，包括登山、攀岩、山地穿越、漂流、滑雪等。国内部分户外探险旅游爱好者尝试成为一些户外运动的先驱实践者和推动者，一些人在昆明成立了第一家户外（野外）运动的民间组织，北京大学成立了第一支专业登山队（北大山鹰社）。

2. "走进自然"绿色运动阶段（20世纪末—21世纪初）

这一阶段实现了户外运动由高校专业登山运动到社会推广的转化，在城市的白领和学生等群体中，逐渐形成一种都市休闲方式，即走进自然的户外休闲运动。但是参与户外运动的人数很少，仅不到1％的城市人口体验过定向移动、山地徒步、野营等户外运动。AA制自助户外旅游是在互联网上自由集结、平摊费用、临时组建团队进行户外的旅行形式，主要以山地穿越为主，其间会进行野营、篝火等活动。由于活动费用较低且有一定人数，AA制自助户外旅游得到野外探索的年轻人的喜爱，但是临时组建的人员山地穿越经验和能力差别很大，他们可能在野外环境极其陌生的情况下贸然出行，这样可能发生意外。

在北大山鹰社之后，高校相继开始组建户外运动社团，户外运动逐渐发展成为一项都市时尚运动。北京、上海、广州等发达城市开始出现户外运动俱乐部，各种媒体的强力报道进一步推进了户外运动的发展。1997年，北京三夫户外运动俱乐部成立。到2001年底，已有150多家户外运动俱乐部。

3. "亲近自然"大众休闲阶段（21世纪初至今）

2005年，户外运动第一次成为国家体育总局承认的运动项目（隶属于登山项目），这是体育管理部门首次认定户外运动的合法地位。大型比赛的不断举行在一定程度上提升了我国专业团队的技术水平，也促进了该项运动的大众化。参与户外休闲运动人数的增加、旅游行业对于户外运动主题的重视以及中小学研学旅行的试点与推行都促进了大众对于户外运动以及户外教育的了解。国家体育总局每年都会审批全国户外体育活动营地（部分经费由体育彩票收入支出），越来越多的人"走出去"旅游的同时更加注重体验和参与户外运动。

2004年，教育部设立"大学生野外生存生活训练"课题，并逐步在全国部分高校进行实验，野外生存生活训练课程成为体育课的选修科目。武汉地质大学体育学院在全国首先设立户外运动本科专业和硕士专业，并在户外运动教学与研究方面带领全国的发展。

这一阶段，户外运动市场开始出现明显的增长态势，虽然还不能称为"户外运动产业"，但是相关服务与设备的巨大需求被厂商发现，户外服装和用具市场几乎是在短时间内涌现在国内消费者眼前，运动服装和器械等相关产业越来越繁荣。

第三节 户外运动的分类与价值

一、户外运动的分类

依据不同的分类标准，户外运动主要有四种分类方法，如表1-1所示。

表 1-1　户外运动分类

分类依据	大项	系列或项目	
按照目的划分	休闲时尚类户外运动	漂流、扎筏、宿营、滑沙、滑雪等	
	探险越野类户外运动	洞穴探险、翼装飞行、定向运动等	
	野外生存类户外运动	沙漠生存、戈壁生存等	
按照组织形式划分	竞技比赛类户外运动	越野、攀岩等	
	大众健身类户外运动	登山、徒步、穿越	
	教育培训类户外运动	拓展训练等	
按照身体能力划分	体能主导类户外运动	沙漠穿越、戈壁穿越等	
	技能主导类户外运动	探险、丛林急救等	
按照地理条件划分	陆地户外运动	山地户外	露营、攀岩等
		荒漠户外	沙漠生存、穿越等
		海岛户外	救援、负重、滑沙等
		高原户外	滑雪、登山、徒步等
	空中户外运动	滑翔、跳伞、热气球、翼装飞行等	
	水上户外运动	漂流、扎筏、泅渡等	

二、户外运动的价值

在户外，人们倡导"自然、环保、健康、自由"的生活态度，崇尚"平等、真诚、互助"的人文精神。户外休闲运动的兴起，使人们亲近自然、挑战自我，它可还原人类生存的本质意义，对人们的身心健康有着极大的促进作用。

（一）户外运动与生理健康

户外运动作为体育活动，对人体机能的提升以及体质的增强都有着极其重要的促进作用。换言之，开展户外运动也需要一定的身体素质为基础。因此，户外运动与人们的身体健康密不可分。

1. 户外运动对人体神经系统的影响

现代科学研究证实，人体是一个统一的整体，正常的生命活动离不开神经系统的调节。从神经生理学观点来看，人体在运动过程中，肌肉与肌腱的收缩和牵张以及身体各部位的空间位置等随时变化着的信息，都以神经冲动的形式连续不断地传向中枢，到达大脑皮质。适当的运动是外周主要的生理刺激，能使大脑皮质兴奋和抑制过程更加协调，从而提高神经系统的工作效率，加强其对各脏腑组织的调节作用。

2. 户外运动对人体呼吸系统的影响

现代科学研究证实，运动时交感神经兴奋、支气管平滑肌松弛、呼吸道阻力减小，这样可反射性地使呼吸加快、加深，使呼吸肌活动增强，使更多的肺泡参与气体交换，使肺通气量和摄氧量较静止时增加近 10 倍。户外运动可使呼吸功能增强，保持肺组织的良好弹性，使人体供氧充足。

3. 户外运动对人体心血管系统的影响

户外运动可引起人体复杂的心血管功能调节，其调节幅度取决于运动强度，其作用在于满足运动肌肉对能源物质的需要与代谢产物的清除，以维持正常的肌肉工作运动时交感神经兴奋等。心肌收缩力加强和脉搏输出量增加可使心脏每分钟输出量增加。运动肌肉中的毛细血管扩张，血流速度加快，动脉血压也随之变化，收缩压上升，舒张压轻微升高或略有下降。静脉血管由于受到肌肉反复收缩舒张而产生按摩效应，促进了静脉血液回流。这些变化增强了血管的弹性。运动时，肌肉血管开放而其他脏器血管相应收缩，血流重新分配。一般中等强度运动可以使心脏排血量增加 3 倍，肌肉血容量增加 10 倍，肌肉摄氧能力提高 3 倍，从而使做功的肌肉获得的氧增加 90 倍。因此，长期坚持有规律的适度运动可使肌肉更加协调和完善、静息心率减慢、血压平稳，也可使人在定量运动中能以相对较低的心率、排血量与血压反应相适应，从而增加心脏的储备能力，以保证在剧烈运动中应对更强烈的反应。

4. 户外运动对人体消化系统的影响

户外运动能使人体的胃肠道蠕动增强，促进粪便排泄。腹式呼吸时，膈肌大幅度运动，这对腹腔脏器起到了良好的按摩作用。户外运动有利于胆汁的合成和排出，可降低人体肌肉中的胆固醇，促进胆固醇排出。

5. 户外运动对人体代谢功能的影响

户外运动可促进人体内的新陈代谢，对脂类、蛋白质代谢均有良好的影响。长期从事户外运动可提高人体内的脂蛋白酶活性，加速甘油三酯和极低密度脂蛋白的分解，增加高密度脂蛋白的含量，提高人体氧化利用脂肪酸的能力。有研究报道，虽然血液中总胆固醇含量无明显差别，但进行慢跑等项目的运动员体内高密度脂蛋白含量明显高于不运动者，而低密度和极低密度脂蛋白含量少于不运动者。高密度脂蛋白具有清除脂肪堆积的功能，而极低密度脂蛋白会促进脂肪在血管壁的沉积。在户外运动中，由于人体内的热量不断增加，下丘脑的体温调节中枢和外周温度感受器的调控使 75% 的热能主要通过汗液排出。户外运动使人体内的水、电解质代谢明显加强。

6. 户外运动对人体内分泌系统和免疫系统的影响

运动应激反应作为肌体受到刺激后发生的非特异性适应反应，主要特征为交感—肾上腺髓质及垂体—肾上腺皮质的功能增强，从而引起血中各种相关激素和神经肽水平的改变。越来越多的证据表明，以下丘脑—垂体—肾上腺皮质轴为代表的神经内分泌系统的激活会影响机体免疫功能。户外运动对人的这些内分泌的正常调整、对免疫功能的提升具有积极的作用。

7. 户外运动对人体运动系统的影响

户外运动对维持骨的结构有重要的促进作用。经常从事户外运动可以提高人体骨密度，增加骨皮质厚度与硬度，增加骨质储备。户外运动对软骨起着维持营养的作用，因为软骨并无直接血管供应，其营养主要来自软骨下骨组织的血液以及关节液，而关节液进入软骨主要依靠运动对软骨产生的"挤压"效应，运动使关节液"渗入"软骨，营养软骨。不同方式的运动对骨骼肌功能的影响不同。

户外运动是一项耐力性运动，经常从事户外运动可增加肌细胞内线粒体的数量和体积、提高线粒体酶的活性、节省糖原利用、减少乳酸形成、增加肌耐力。户外运动也是一项力量性运动，经常从事户外运动可使肌肉横断面积明显增大、肌纤维增粗、肌力增强。户外运动可使人体内主动肌、拮抗肌、辅助肌更为协调地工作。

（二）户外运动与心理健康

户外运动不仅有益于身体健康，而且对保护人们的心理健康更具有不可估量的作用。心理健康是个体在各种环境中能保持一种良好适应能力和效能的状态。一个人不仅仅是生物体，更是社会成员，而健康的心理是社会人适应社会的基本条件。根据体育心理学研究结果，各项体育运动都需要较高的自我控制能力、坚定的信心、勇敢果断和坚忍刚毅的意志性格等心理品质作为基础。因此，有针对性地进行运动锻炼，是纠正心理缺陷、培养健全人格的有效训练方法。

1. 户外运动与情绪调控

目前我国正处于城市化加速发展的时期，城市化加重了人际关系的淡漠。户外运动可以使人们的紧张情绪得到一定程度的释放。在激烈紧张的学习和生活中，人们需要一定的宣泄途径以获得心理健康。户外运动的刺激性、放纵性、挑战性和冒险性使其成为释放情感、净化心灵的最佳途径之一。参加户外运动时，人们可以用独特的方式宣泄心理压力，获得正面的心理能量，从而更加珍爱生命。

2. 户外运动与智力发展

户外运动不仅可使锻炼者的注意力、记忆力、想象力、反应能力、思维能力等得以改善和提高，还可以使其情绪稳定、性格开朗，这些非智力因素对人的智力发展具有促进作用。人的智力依赖于大脑和中枢神经系统的功能，良好的体质，特别是良好的神经系统，是智力发展的物质基础。户外运动环境中的充足氧气能保证大脑的能源供应。

户外运动中复杂的智力活动可给大脑和神经系统提供各种信息，并不断对大脑细胞进行刺激，使其发育健全。大脑神经细胞分支和突起的增多有利于提高大脑皮层活动的强度、协调性和灵活性，也可以培养敏锐的感知能力、良好的注意力和记忆力。户外运动对于智力的影响有积极意义。

3. 户外运动与人际交往

户外运动中，人和自然的和谐相处满足了人的交往与情感的需要，使我们内心充满愉悦。户外运动可以不断提高我们的情感体验，其中体现出来的互相关心、互相帮助的团队协作精神和征服大自然、挑战自我、实现自我的大无畏精神将会增加我们对社会的适应性。

第二章　定向运动

第一节　定向运动概述

一、定向运动的含义

定向运动就是利用一张详细精确的地图和一个指北针，按顺序到访地图上所标示的各个检查点，以最短时间到达所有点标者获胜。定向运动通常在森林、郊外和城市公园进行，也可在大学校园进行。

一条标准的定向路线包括一个起点（用三角表示）、一个终点（用双圆圈表示）和一系列检查点（用单圆圈表示），检查点已在地图上用数字标明。在实际地形中，橙黄色和白色相间的点标旗标志着运动员应该找到的点的位置。运动员必须在到达的每一个检查点处使用打卡器打卡，且不同的打卡器打出不同的针孔。今天，电子打卡系统已被广泛使用，它不仅能证实运动员是否按顺序正确到访，还能记录到访时间。

检查点与检查点之间的路线并不指定或固定，运动员应该自己做出选择。路线选择能力、借助于地图和指北针在森林和公园辨明方向的能力和以最快的速度按顺序到达目的地的能力是定向运动的精髓所在。

二、定向运动的特点

定向运动的特点是多方面的。就运动的自身方式而言，定向运动有其自然属性即自然性方面的特点；而作为一种社会活动而言，定向运动有其社会属性即社会性方面的特点。

（一）自然性方面的特点

1. 运动性

定向运动与其他体育运动项目一样，是一种身体活动，是以人体运动的方式为主要特征进行的活动。科学的人体运动都具有特定的规律、规则与规范。

2. 智能性

定向运动是一项体能与智能相结合的运动。就智能而言，首先要有地理学、测绘学、军事地形学等相关知识以及运用这些知识的能力。

3. 环境性

定向运动是在森林、山区、公园、风景名胜区等野外环境中进行的，这是与在体育场馆中进行的各项运动的一个显著的区别。

4. 趣味性

定向运动的环境、活动与比赛的方式、方法充满趣味性，可提高人们参与的主动性和积极性。

（二）社会性方面的特点

1. 游戏性

定向运动的游戏性非常明显。从发展初期的瑞典童子军的"寻宝游戏"，直至现代各式各样的定向比赛，都带有很强的游戏色彩，因为其本身就是一种游戏。

2. 竞技性

定向运动有各种类型的比赛，竞技性十分突出。比赛就要讲规则、争名次、决胜负，其竞争的激烈程度可想而知。正是这种竞争的激烈性，刺激着人们对这项运动的向往和追求，使其投身到训练和比赛中来，乐此不疲。

3. 实用性

定向运动的实用性同样十分明显。在瑞典，定向运动最早就是军队的一种训练形式。在现代，定向运动不仅可以作为军事训练的一项内容，还可以作为学校体育教学的一项内容，也是现代社会的一项休闲旅游项目。

三、定向运动的锻炼价值

定向运动是在野外进行的，清新的空气、优美的环境、茂盛的森林、崎岖的道路和复杂的地形等都会带给人们新鲜感和神秘感。这种感觉会强烈地刺激人的大脑，提高大脑皮层的兴奋性，从而更有效地调动人体各器官系统（包括运动系统、心血管系统、呼吸系统以及内分泌系统等）的潜能。

经常参加定向运动，身体会变得更加强健，走、跑、跳跃、越过障碍等能力以及耐力、速度、力量、柔韧性、灵敏性等身体素质都将逐步得到提高，对自然环境的适应能力和对疾病的抵抗能力也将不断得到增强。

第二节　定向运动基本技能

一、认识地图与使用地图

在定向运动中，认识地图与使用地图是首要的也是最基础的技能。认识地图是基础，使用地图是关键，在实地的读图、用图过程中，准确地将二维平面上的图形与三维空间中的实地相对应非常重要，因为这一平面与空间的转换的结果，直接影响到定向运动的效果，即成功与失败。地图与实地对照，就是将地图上的地物、地貌符号与实地的地物、地貌逐一对应。目的在于明确地图与实地的关系，通过查看地图，即可了解实地地物的分布状况、地貌的起伏程度以及它们之间相互的位置关系；还可以根据地图上标出的比赛路线，在实地选择出正确的运动方向及具体运动路线，并保证按预定的路线运动。在定向运动中，首先要标定地图（保持图上方位与实地方位一致），因而认识与使用地图是定向运动中的一项非常重要的定向技能。

（一）地图的拿法

为集中精力选择运动路线和判定检查点的位置，在跑动中应该将地图折叠持在手上。折叠的大小以持在手中稳定，能露出足够的选择路线的区域和前方1～2个检查点为准即可。

（二）标定地图

标定地图就是使地图的方向与实地的方向相一致。标定地图是实地与地图进行对照的首要条件，最简单的方法就是找到大而明显特征的地物作标志。在实际比赛中，标定地图的方法主要有概略标定、指北针标定和利用长直地物标定地图三种。

一般地图的标定方向都遵循"上北下南、左西右东"的基本原则，而在定向运动地图中，精确的方向为标注在地图上的指北标志。在运动过程中，只要使地图上的北方与实地的北方相一致，地图即被概略标定。在定向地图中，指北标志、磁北线方向和检查点序号字头的朝向均在图上指示地图的北方。

指北针标定地图，是常用的标定方法。将地图上的指北方向线与指北针上的北方保持一致，则该地图被标定。

利用长直地物标定地图，是指将图上长直地物符号与实地一致起来，必须注意不能反向。

（三）确定站立点

确定自己在图上的位置是定向运动的首要条件，也是实地用图的关键。确定站立点的方法主要有目估法、后方交会法和磁方位角交会法。

目估法又叫直接确定法，指利用明显地形点估计确定站立点，是最常用的方法。具体为：依据站立点附近明显的地物地貌特点与站立点之间的相互位置关系，确定自己在图上的站立位置。这种方法一般在线状地物上或一侧运动时采用。

后方交会法通常是在地形较平坦、视野较开阔的地段采用。方法为：通过控制对照，即在实地较远处选择两个地图上也有的明显地形点进行确定站立点。

当在植被密集、视野范围狭小的地段上运动时，由于地图与实地对照不便，加之看不到目标的实地位置，不能从图上找准目标，可采用磁方位角交会法确定站立点。

二、方位的判定

（一）现地判定方位

现地判定方位，就是辨明现地的东、西、南、北方向。在定向运动训练和比赛中，只有随时随地辨明行进的方向，明确周围地形与自己的关系，才能正确实施行动。现地判定方位的方法主要有以下三种。

1. 利用指北针判定

判定方位时，将指北针平放，待磁针静止后，磁针 N 极所指的方向就是北，相反的方向就是南，若面向北则左为西、右为东。

2. 利用太阳与手表的关系判定

一般情况下，在当地时间 6 时左右太阳东升，12 时在正南，18 时左右西下，根据这一规律，便可概略地判定方位。利用太阳和手表判定方位的要领是时数折半（每日以 24 小时计算）对准太阳，"刻度12"指的便是北方。

3. 利用自然特征判定

有些地物由于受阳光、气候等自然条件的影响，形成了某种特征，可利用这些特征来概略地判定方位。

（1）独立大树，通常南面的枝叶较茂密，树皮较光滑；北面的枝叶较稀疏，树皮较粗糙，有时还长青苔。从树的年轮看，通常北面的间隔小，南面的间隔大。

（2）凸出地面的地物，如土堤、土堆、建筑物、田埂等，南面干燥，青草茂密；北面潮湿，易生青苔。冬季田埂、土堤和建筑物等通常南面积雪融化快，北面融化慢。而凹陷物体如土坑、沟渠以及林中空地特征则相反。

（3）我国大部分地区，尤其是北方大的庙宇、宝塔的正门和农村房屋的门窗多朝南开。

（二）对照地形

对照地形，就是要通过仔细观察，使图上和现地的各种地物、地貌一一"对号入座"，即相互对应。对照地形在定向运动比赛中的作用主要有两个：一是在站立点尚未确定时，只有正确地对照地形，才能在图上找出正确的站立点位置；二是在站立点已经确定，需要变换行进方向时，只有通过对照地形，才能在现地找到已选定的最佳行进路线。对照地形一般应先标定地图，然后根据不同的需要采用不同的对照方法。

1. 在站立点尚未确定前

首先应概略地标定地图，然后迅速观察周围情形，记清最大或最有特征的地物、地貌的大概方位与距离，并从图上找到它们，此时站立点的位置即可概略地确定。

2. 在站立点确定之后

首先应概略地标定地图，然后从图上查明选定运动路线上近前方两侧的特征物，同时记清大概方位与距离，并在现地辨别出来，然后再前进。如果因为地形太复杂，如山丘重叠、形状相似等，不易进行对照，可以先采用较精确的方法标定地图，然后用带刻度尺的指北针的长边切站立点和特征物，并沿这条直长边向前瞄准，则特征物一定在此方向线上。如此方法还不能解决问题，应变换对照位置，或者登高观察和对照。在这里需要特别强调，无论在什么情况下进行现地地形对照，都必须特别注意观察和对照地形的顺序与步骤。现地对照地形的顺序一般是先对照大而明显的地形，后对照一般地形：由近及远、由左至右、由点及线、由线及面，逐段分片，有规律地进行对照。在步骤方面，首要且必不可少的是要保持地图方位与现地方位一致，然后再根据不同需要进行后面的步骤。

三、路线的选择

定向地图上各检查点的连线是提供方位的直线。然而，沿这条方位直线一般不可能直接到达，必须依照地图上各种符号和色彩的提示进行路线选择。不同的运动员由于技术水平不同、体能状况不同，所选择的路线也不尽相同。

（一）选择路线的标准

省体力、省时间、最稳妥、最能发挥自己的特长，尽量不失误或少失误，顺利完成赛程并最终夺取胜利，是选择路线的基本标准。

（二）选择路线的原则

1. 坚持"有路不越野"的原则

充分利用道路，坚持"有路不越野"的原则，如图 2-1 所示。

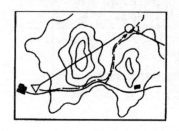

起点到第一个点，如直线跑需艰难地翻越一座山峰，沿着小路行进到一岔口左转变至小路的交会处，寻找点标。沿着小路行进，路线虽长一点，但不需翻山，省力。

图 2-1　有路不越野

2. 坚持"选近不选远行"的原则

在地形起伏不大、树林稀疏并且可跑的地段，坚持"选近不选远"的原则，如图 2-2 所示。

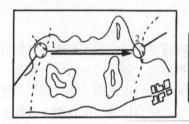

1号点与2号点之间是一片树林稀疏的地段，选路时采用直线跑到小路旁找点，如选其他路则距离远。

图 2-2　选近不选远

3. 坚持"统观全局，提前绕行"的原则

在地形起伏较大、树林密集、障碍大的地段，坚持"统观全局，提前绕行"的原则，如图 2-3 所示。

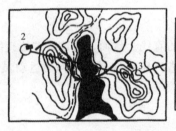

2号点与3号点之间是一段复杂的地形，不能直线跑。选路线：
A.过鞍部沿陡崖下跑，目标是堤坝。
B.过堤坝沿着右侧山坡右转至小谷地寻找目标点。

图 2-3　统观全局，提前绕行

4. 坚持"依线又依点"的原则

在地形复杂的区域，坚持"依线又依点"的原则，如图 2-4 所示。

2号点与3号点之间直线不能通行，依小路向前，沿山坡与地类界到小路找点。

图 2-4　依线又依点

（三）选择路线的影响要素

1. 体力的消耗程度

众所周知，两点之间直线最短。然而，走直线并不总是最佳的选择。拿爬山来讲，走直线就可能意味着要艰难地翻过山顶，消耗大量的体力。倘若选择绕山前进，虽然距离较长，但不必爬山，从而节省了体力，为接下来的比赛做好了体能准备。因此，在选择路线之前要考虑各种不同的可能性。

2. 行进速度的快慢

在选择一条快捷的路线时，并不只是避开爬高山的问题，还必须考虑是否能走公路、小径、草地或其他容易的地形，以提高行进速度。在不同的地形上，人的行进速度不同（见表2-1），而不同的行进速度将直接影响最终的运动成绩。

表 2-1　不同地形上行进每千米所需时间

	公路	空旷地	疏林地	山地、树林
行走	9 分钟	16 分钟	19 分钟	25 分钟
跑步	6 分钟	8 分钟	10 分钟	14 分钟

由表2-1可知，穿越丘陵起伏、树木遍布的乡间所花费的时间比选择公路绕道所花费的时间有两倍还多。因而在定向运动中，检查点与检查点之间有多条可选择的路线时，走直线并不一定是最佳选择。

四、如何快速前进

（一）用拇指辅行法行进

在定向运动过程中，不断转动地图，使地图与实地方向一致，并将手指压在站立点上，做到"人在地上跑，指在图上移"，如图2-5所示。

（1）明确站立点、比赛路线和目标点。

（2）转动地图，使地图与实地方向一致，并将左手拇指压于站立点一侧，先上大路。

（3）到大路后转动地图，移动拇指，沿大路跑，看到路旁小屋后向右转。

（4）再转动地图，移动拇指，沿大路跑，经过右侧路口后在下一路口左转弯，即可直达目标点。

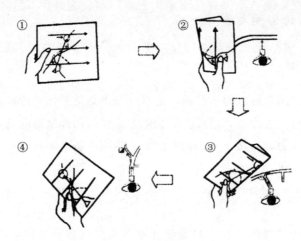

图 2-5　拇指辅行法

（二）沿地形地貌行进

这是初学者必须掌握的一项基本技能。河流、栅栏、小路、围墙、房屋、独立树、石碑以及等高线等都是很好的参照物，可以提供安全、快捷的路线。其方法是按所跑路线的顺序，分段、连续或一次性地记住前进方向上经过的地形点、两侧的特征物等，使实地的情景不断地与记忆内容"叠印"，做到"人在地上跑，心在图上移"。

（三）沿磁方位角方向行进

磁方位角是指从某点的磁北方向线起，依顺时针方向到目标方向线间的水平夹角。利用指北针确定磁方位角，并沿该方向行进，便是确定目标点方向并且快速到达目标点的捷径。

沿磁方位角行进的技术关键在于对跑过的距离的正确判断以及对行进方向的确立与保持，目标＝方向＋距离。

1. 确定行进方向

利用指北针确定行进方向是一种最简易、最快速的方法，特别适合初学者在特征物少、植被密度低、地形起伏不大的树林中使用，具体方法如图 2-6 所示。

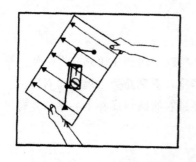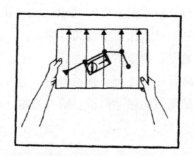

图 2-6　利用指北针确定行进方向

（1）将指北针直尺边切于目标方向线，指北针上的方向箭头指向所要到达的位置。

（2）把指北针和地图作为一个整体，水平放置在面前，然后转动身体，使指北针上红色指针的指向与地图所示的磁北线方向一致。

（3）指北针上方向箭头所指的方向即为行进的方向。

2. 正确估算距离

确立了行进的方向，还必须结合地图对目标点的距离进行判断和对已跑过的实际距离进行估算，才能快速而准确地到达目的地。

（1）利用比例尺换算图上距离和实际距离。在实际比赛中，临场进行换算会耽误时间，因而，必须熟悉几种常用的长度单位与相应实地水平距离的换算关系。如在比例尺为 1：10000 的地图上，1 毫米相当于 10 米，而在 1：15000 的地图上，1 毫米相当于 15 米，如表 2-2 所示。

表 2-2　几种基本尺寸与实地水平距离的换算

比例尺 基本长度	1：10000	1：15000	1：20000
0.5 毫米	5 米	7.5 米	10 米
1 毫米	10 米	15 米	20 米
2 毫米	20 米	30 米	40 米
5 毫米	50 米	75 米	100 米
10 毫米	100 米	150 米	200 米

从地图上量得的距离，无论是直线的还是曲线的，都是两点间的水平距离。但在实地，并不都是平坦的地形，在地形起伏较大的情况下，还必须根据地形起伏情况加上修正参数，如表 2-3、表 2-4 所示。

表 2-3　水平距离修正参数（依坡度）

坡度	加改正数（%）	坡度	加改正数（%）
0°～5°	3	20°～25°	40
5°～10°	10	25°～30°	50
10°～15°	20	30°～35°	65
15°～20°	30	35°～40°	80

表 2-4　水平距离修正参数（依地形）

地形类别	加改正数（%）
平坦地（有微起伏）	10～15
丘陵地（比高 100 米以下）	15～20
一般山地（比高 100～200 米）	20～30

计算公式：实际距离＝水平距离＋水平距离×修正参数

（2）步测法计算已跑过的距离。步测法是根据自己步伐的大小计算距离，它是实地估算距离的有效方法，但需要经过反复训练这一技能才能掌握。这种方法测量距离的关键是要了解自己的单步步长。不同的人，由于身高、腿长不同，其步长大小也不同；跑步速度的快慢、柔韧性的好坏不同，表现出的步长大小也不同；即使是同一个人，在不同的地形上跑，其步长也不尽相同。因此，最好通过平时的练习、测算来确定自己步长的大小。

测量步长的方法：选择一块地势起伏不大的树林，从地图上算出两点间的距离后，到实地练习，计算出一个单位长度（如50米或100米）所跑的步数。在此基础上再到其他地形练习，算出相应单位长度上的步数。

（3）目估法测算实际距离。目估法就是用眼睛估计，测算距离。用眼睛虽然不能测量出精确的距离数值，但是只要经过勤学苦练，还是可以测得比较准确的。在高速奔跑中，这一技术很实用。

我们可以运用"物体的距离近，视觉清楚；物体的距离远，视觉模糊"的规律对距离进行目测。在练习阶段，需要特别留意观察、体会各种物体在不同距离上的清晰程度，观察得多了，印象深了，就可以根据所观察到的物体形态（清晰或模糊程度），大体上目测出它们的距离来。

若觉得根据目标的清晰程度判断距离误差太大，可以利用平时自己较熟悉的某些事物的距离，如靶距、球场距离等进行比较判断。还可以用50米、100米、200米、500米等基本距离，经过回忆比较后做出判断。如果要测的距离较长，可以分段比较，然后推算全长。

但有一点需要注意，眼睛的分辨力常会受到天气、光线照射角度、物体自身颜色、观察的位置、角度等条件的影响，目测的距离常常会因为这些因素而产生相当大的误差。

（四）行进方法

1. 借线法行进

把道路、围栏、高压线等线状地物作为行进的"导引"。沿着线状地物行走犹如扶着楼梯的扶手行走，因而，有人称此方法为"扶手法"，如图2-7所示。

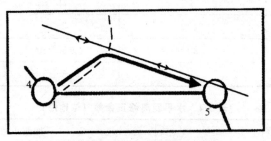

先沿小路到高压线下，再沿高压线找点

图 2-7　借线法行进

2. 借点法行进

借点法行进就是利用明显的地物地貌点控制方向，向前行进，当检查点附近有高大、明显的参照物时，可采用此方法，如图 2-8 所示。

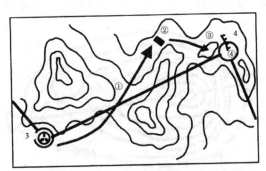

3号点与4号点之间没有路，地形复杂，通行困难。选择路线：
①鞍部 ②建筑物 ③丘 ④在丘与陡崖之间找点

图 2-8 借点法行进

3. 水平位移法行进

当站立点与检查点在同一高度上时，可沿等高线行进，但要确定站立点与检查点之间能否通行，如图 2-9 所示。

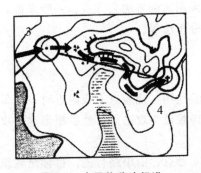

图 2-9 水平位移法行进

4. 直线跑

上山过山顶，下山找目标，缺点是要艰难地翻过山顶，如图 2-10 所示。

图 2-10 直线跑

5. 提前绕

（1）沿着山向前跑，虽然路线较长，但不必爬山，如图2-11路线A所示。

（2）沿着山脊向前跑，虽然路线比直线长，但不需要太多的攀爬，如图2-11路线B所示。

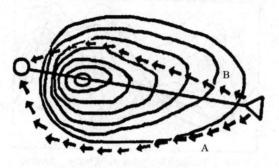

图2-11 提前绕

五、寻找检查点

寻找检查点是定向运动中决定比赛胜负的一项关键性技能。每一条比赛线路的设计，都会体现出不同的难题，有时考验体能，有时考验技能。当接近检查点时，应对检查点的实地准确位置做出分析和判断，并考虑采用何种方法去寻找。一般来说，常用的方法有定点攻击法、距离定点法、提前偏差法和地貌分析法等。

（一）定点攻击法

当检查点设在明显、较大的地物、地貌点上或附近时，可采用这种方法。

首先将这些明显的地物、地貌设为攻击点，然后根据这一攻击点与检查点的相对方位、距离关系寻找检查点。

如图2-12所示，3号点到4号点，沿小路行进，目标是建筑物，找到建筑物后，在建筑物的北面就能找到检查点。

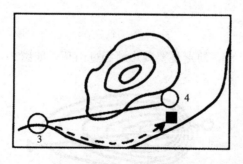

图2-12 定点攻击法（1）

如图 2-13 所示，沿一座明显的小山坡行进，横穿公路后到达湖边，继续朝池坑跑去，在池坑的左边找检查点。

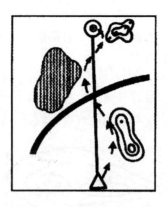

图 2-13　定点攻击法（2）

（二）距离定点法

当检查点处于地势较平坦、无路、植被较多等以细碎为特征的地貌中时，可以采用距离定点法。

首先要以周围的地物、地貌特征为攻击点，利用指北针瞄准目标点方向，然后结合步测、目测等方法测算距离，一步步接近检查点。

如图 2-14 所示，检查点位于细碎的地貌特征之中，情况复杂。

首先，选择小路交会处作为目标点。其次，沿小路到达目标点，图上量出至检查点的距离（换算成复步）。最后，用指北针仔细地测定检查点的方向，沿此方向步测前往。必要时，途中还需要仔细地查看地图。

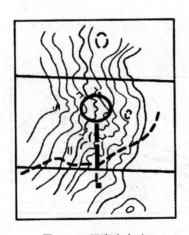

图 2-14　距离定点法

（三）提前偏差法

当检查点设在线状地物如大路、沟渠、河流的一侧时，可用此方法。

先根据地形条件，选择线状物为目标点，然后提前偏离检查点，跑到线状物上，再根据线状物与检查点的位置关系找到检查点。

如图 2-15 所示，检查点为山脚下的小屋。可以用指北针直接定位该点，但很有可能跑偏而错过目的地。用指北针定位小屋偏右、两山鞍部的方向，当跑到山脚下，地势开始明显升高时，再沿等高线向左边水平位移，就可找到检查点。

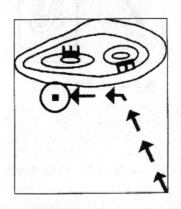

图 2-15　提前偏差法

（四）地貌分析法

在地貌有一定起伏的地域内，检查点设在低小地物附近时，采用此方法。

采用这种方法时，首先根据地图上检查点与地貌的关系位置，分析出实地相对应的关系位置，再依据这种关系位置来寻找到检查点。如图 2-16 所示，寻找第 9 号检查点。首先，跑到检查点西南山顶，在山顶位置通过地图与实地对照，判定出检查点在山脊。其次，沿山脊下山寻找石碑，即可发现第 9 号检查点。

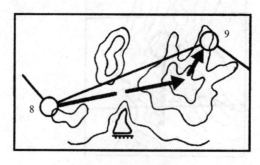

图 2-16　地貌分析法

第三章　轮滑运动

第一节　轮滑运动概述

一、轮滑运动的定义

轮滑运动是一项融健身、竞技、娱乐、趣味、技巧、休闲于一身，展示青春与活力的户外运动。它以独特的个性魅力、简单易行的特点和生活中的实用性吸引着世界各地的体育爱好者。轮滑在我国北方称"滑旱冰"，在南方称"溜冰"。所谓旱冰实际指坚实、平整的地面，而非水结冰面，脚穿带有四轮的轮滑鞋在上面滑行。

二、轮滑运动的分类

轮滑是一种户外运动，但同时也是竞技项目，随着不断发展与完善，目前已形成多项轮滑竞技项目，主要项目如下。

（一）速度轮滑

速度轮滑属于周期性耐久力的竞速运动项目，在国际上分为场地速度轮滑（双排轮滑）和竞技速度轮滑（单排轮滑）两种。超长距离和长距离是速度轮滑运动的基础项目，短距离是核心项目。为此，在实际训练中，抓两头（长、短）项目带中间项目的训练指导思想，能更有效地提高运动员的成材率和提高团队乃至国家的整体实力。在培养优秀速度轮滑运动选手的训练中，应遵循以有氧代谢与无氧代谢混合功能为主的原则，结合不同项目对有氧代谢和无氧代谢需求比例的差异进行有针对性的身体专项机能训练。

（二）花样轮滑

花样轮滑起源于 18 世纪的英国，后相继在德国、美国、加拿大等欧美国家迅速开展。与其他竞技运动不同，花样轮滑是一项艺术与运动结合的体育项目，运动员除了要掌握控轮技术，还要有极高的艺术表现力。在音乐伴奏下，运动员穿着轮滑鞋在木地板上滑出各种图案、表演各种技巧和舞蹈动作，裁判员根据动作评分，决定名次。

（三）极限轮滑

极限轮滑也叫特技轮滑，按个人意愿与习惯可以选用直排或双排极限轮滑鞋，极限轮滑被年轻人所追捧，其场地主要分为自由轮滑（FSK）和专业场地，专业场地又分道具赛场地和半管（U型池）场地。

三、轮滑运动的特点

（一）娱乐性

轮滑具有很强的娱乐性，既可以个人单独练习也可以群体游戏。无论是平时户外运动或朋友、同学之间举行的小型比赛，都可以通过轮滑从平时紧张、繁重的学习和工作中解脱出来，达到身心放松的目的。

（二）全身性

轮滑是一项全身性运动，它能促进心脑血管系统和呼吸系统机能的改善和代谢作用的加强，增强臂、腿、腰、腹等各处肌肉的力量和身体各个关节的灵活性，对人掌握平衡能力有很大的帮助和协调作用。

（三）健身性

轮滑是一项健康的有氧运动，一般来说轮滑的最大氧气消耗量是跑步的90％，而保持有氧运动的最佳强度是保持23千米/小时的速度。滑滑轮时测量的心跳数是最大心跳数的74％，这属于典型的有氧运动，可以达到强化心血管和燃烧脂肪的效果，因而，越来越多的人把轮滑作为一项美化形体、减脂塑身的运动。

四、轮滑运动的锻炼价值

（一）轮滑运动有助于锻炼人们的意志

轮滑运动以其娱乐性和新奇性吸引了大众的参与，尤其是青少年。在轮滑滑行过程中，参与者始终要保持左右脚交替进行，这使得人们的平衡性和动作的协调性得到了进一步的改善。轮滑运动在增强参与者体质的同时，也极大地激发了参与者对轮滑乃至其他体育运动的兴趣。任何教育都要从兴趣出发，参与者只有对轮滑运动感兴趣，才能积极地投身到活动中。轮滑运动独特的魅力使得参与者非常乐于参与其中，在轮滑运动学习的过程中，从害怕站立到独自滑行，从简单动作到复杂动作的学习，都要经历一个漫长的过程，需要克服自身的胆怯心理，战胜种种困难，大胆尝试。然而，也正是在这样的历练过程中，参与者在一次次的挑战中体验成功的滋味。轮滑运动可培养意志力和进取精神，同时能够起到减压、愉悦身心、休闲以及健身的作用，有利于心理素质的培养和顽强意志的锻炼，促使参与者形成良好的心理品质和自信心。

（二）轮滑运动有助于参与者增强体质

　　轮滑运动和其他体育锻炼一样，具有极强的健身价值。轮滑锻炼能使人体各组织、器官的负荷得以增加，机体发生变化，这些变化通过加快新陈代谢，改善神经系统、心血管系统、呼吸系统等，促进参与者体质的增强。第一，轮滑运动可以改善神经系统机能。轮滑运动不仅在速度上有变化，而且旋转的方向、位置等也不断变化，可使神经系统的反应速度及神经系统对肌肉调节的精细度得到改善。第二，轮滑运动可以改善心血管系统机能。经常参加轮滑锻炼，对心血管的形态、结构和机能都会产生不同程度的良好影响，可提高心脏功能，延缓心肌衰老。这不仅能使参与者心脏增大，同时还能提高心脏功能。第三，轮滑运动还可以改善呼吸系统机能。经常参加轮滑锻炼，参与者的呼吸机能得到改善，呼吸肌力量增大，胸围、胸腔容积扩大，呼吸差加大，肺通气量增大。坚持锻炼能提高人体负氧债能力，使人体在缺氧条件下仍能坚持工作和完成较复杂的肌肉活动，也可以提高参与者呼吸系统的免疫机能，增强呼吸系统及机体对病菌的抵抗能力，防止、减少或消除呼吸系统的疾病。第四，轮滑运动可以提高参与者的平衡能力。经常参加轮滑锻炼能改善运动系统机能，提高人体的平衡能力。在花样滑行时，不仅要保持正确的滑行姿势，还要做出各种旋转、跳跃等动作，要求运动员具有很好的平衡能力。参加轮滑锻炼最明显的改善就是肌肉能量物质储备水平提高，力量、速度、耐力、灵巧性和完成动作的质量方面都超过一般人。

第二节　轮滑运动技术

一、轮滑运动基本技术

　　任何技术的学习都应遵循循序渐进的原则，轮滑运动更是如此。合理地安排学习顺序，对初学者而言，可以起到事半功倍的效果。

（一）站立姿势

　　学习轮滑首先要从站立开始。穿上轮滑鞋之后就急欲滑行，是一定要摔跟头的。下面介绍几种轮滑的站立姿势。

1.“丁”字站立

　　两脚呈“丁”字形站立，前脚跟靠在后脚的足弓处，两膝微屈，重心稍偏于后脚上，上体稍前倾。由于两脚呈“丁”字形，脚下轮子不容易滑动，可以较稳定地站立，如图3-1所示。

图 3-1 "丁"字站立　　　图 3-2 "八"字站立　　　图 3-3 平行站立

2. "八"字站立

两脚尖自然分开，两脚跟靠近，上体稍前倾，两膝微屈，两臂自然下垂于体侧，重心落在两脚中间，这样可以防止两脚的轮子前后滑动，有助于稳定站立，如图 3-2 所示。

3. 平行站立

两脚分开，与肩同宽，两脚尖稍内扣，保持两脚平行，膝部稍屈，上体稍前倾，重心落在两脚中间，平稳站立，如图 3-3 所示。

上述站立方法对于穿双排轮滑鞋来说比较容易，如果穿单排轮滑鞋，则要注意站立时两脚向内侧微倾，即用轮子的"内刃"着地，这样有利于稳定站立。因为一般人踝关节力量不够大，内侧韧带力量强于外侧，所以两脚内倾比外倾更容易一些。随着滑行能力的提高，要逐渐努力变为正直站立。

（二）原地移动

原地移动重心练习是由站立过渡到学习滑行的一个非常重要的练习步骤，对控制身体重心移动和掌握平衡有着重要作用。

1. 左右移动重心

两脚平行站立，上体向一侧移动，逐渐将重心完全移至一条腿上，待身体平稳后，上体再依照上述方法向另一侧移动，如此反复练习。

2. 原地踏步练习

在"八"字站立的基础上，重心先移至左脚上，右脚微屈上抬，离地 10 厘米左右，然后落下站稳。依照上述方法抬起左脚，交替进行。这是向前迈步的基础。

3. 蹲起练习

两脚平行站立，做下蹲再起来的动作，开始可先做半蹲，逐渐加大下蹲的程度，直至深蹲。由慢至快，注意保持上体直立，伸屈踝、膝、髋三个关节要协调。

4. 原地前后滑动

两脚平行站立，一脚向前，另一脚向后来回滑动，两臂随其前后摆动。两脚滑动时始终保持平行。两脚距离由小至大到相距一步大小时为止，重心要保持在两脚中间，两脚伸直，由大腿发力做前后滑动。这个动作可以提高对身体的控制能力和对滑动的适应能力。

5. 原地抬腿练习

"八"字站立，一腿微屈上抬，离地5～10厘米，落地后再抬另一腿，反复进行。这是向前迈步的基础。可逐渐抬高大腿使其与地面平行。

6. 迈步移动重心练习

正确的移动身体重心和迈步是掌握正确滑行的基础。

（1）向前"八"字走

两脚"丁"字站立或"八"字站立，一脚稍抬起向前迈出一小步，脚尖向外落地，同时重心迅速跟上，然后另一脚迈出，交替进行。

（2）横向迈步移动

两脚平行站立，一脚横迈一步，重心迅速跟上，另一脚收回靠拢着地。稳定后，向相反方向重复动作。这是在滑行中横向移动重心的基础。

（3）横向交叉步移动

基本动作同横向移动一样，不同的是脚收回时不是靠拢，而是从支撑脚上方越过，成交叉步向侧移动，重心变为支撑脚，原来的支撑脚再继续横向迈步。这是弯道压步时交叉压步的重要基础动作，两个方向都应练习，以适应花样轮滑、轮滑球、自由滑行的需要。

（三）初步滑行

1. 企鹅步练习

初学者能够站立和原地移动重心后，就应着手学习走动中移动重心的练习，这是掌握正确滑行的基础和前提，在这个过程中可以进行企鹅步的练习。

企鹅步就是像企鹅走路那样摇摇摆摆地走动，它是从静止到滑行过渡的练习动作。

练习企鹅步的方法是"丁"字或"八"字站立，一脚稍抬起，向前迈出一小步，脚尖稍向外呈"八"字落地，同时身体重心迅速跟上，待脚落地时重心即相应地跟上，后脚抬起再向前迈步。走动中不断地使身体的重心在两腿上交换，通过重心的交换，使身体慢慢地向前移动。练习过程中步幅由小至大，始终注意保持正确的站立姿势，使重心能及时落至着地的脚上，保持好身体的平衡。这种练习，可以使初学者更好地体会重心的移动，为以后打下基础。

待练习者能够熟练走企鹅步之后，就可以把走变成滑。只有滑行，才能体会到轮滑的乐趣。

2. 侧向滑步练习

横向迈步移动练习的方法是：两脚平行站立，左脚向左横迈一步，随之身体重心迅速跟上，右脚向左脚靠拢着地，稳定后，右脚向右横迈一步，随之身体重心迅速跟上，左脚再向右脚靠拢着地。反复练习，体会身体重心横向移动的要点。

实际上这种滑行的姿势就是休闲滑、速滑比赛中最常用的正向滑行姿势，是轮滑的基本功，需要初学者刻苦练习。只有经过大量正向滑行训练，并且尽量滑行得平稳有力，才能使得自己的技术进一步提高。

3. 走步双滑

向前"八"字走几步，然后两脚平行并拢，借助惯性向前滑行。反复进行，体会滑行的感觉。

4. 单蹬双滑

两脚"八"字站立，两脚同时向两侧蹬地形成两脚同时前滑，重心移向左腿，左腿成支撑腿，右脚再多做一点蹬地动作后迅速收回向左脚靠拢，脚尖稍偏外侧，落地自然成"八"字步，同时重心向右脚上移，左脚开始侧蹬地，重复右脚蹬地后的动作。两脚交替蹬地 5～6 步后，两脚平行并拢，借惯性向前滑行一定距离。

5. 高姿势滑行

两脚成"八"字站立，膝关节和踝关节微屈，上体直立。两脚同时侧蹬地，双脚同时前滑，重心移向左脚，左脚成支撑脚，右脚侧蹬地后迅速收回向左脚靠拢，脚尖向外落地成"八"字步，同时重心跟上成支撑脚，左脚开始侧蹬地，重复右脚蹬地后的动作，两脚交替蹬地向前滑行。

6. 前滑压步转弯

左转弯时，左脚支撑滑行，身体左倾，右脚向侧蹬地后，摆腿越过左脚。在左脚的左前方落地并承接重心滑行，左脚在右脚后侧蹬地，蹬地后前移至左侧落地支撑滑行。右转弯与左转弯动作相同，方向相反。

7. 后滑

（1）葫芦形后滑（双脚后滑）

两腿弯曲，重心下降并有点后坐，两脚尖靠拢成内"八"字开立。两脚用内轮向侧前方蹬地开始滑行，当两脚滑到略宽于肩时，两腿和两脚跟用力内收靠拢。两腿一开一合向后滑行。

（2）蛇形后滑（双脚交替后滑）

上体正直，两腿微曲，两脚成内"八"字开立。右脚向侧前蹬地，重心移到左脚支撑向后滑行，右脚蹬地后脚跟（后轮）稍抬起收回到左脚内侧。此时，重心（臀部）开始向右侧摆移，左脚蹬地，同时右脚支撑向后滑行。两脚交替蹬地向后滑行。

8. 后滑压步转弯

向左压步转弯时，左脚支撑向后滑行，身体左倾，右脚蹬地后从左脚前方移到左侧支撑重心，然后左脚蹬地从右脚后边收回支撑向后滑行，这样连续向左压步转弯。

9. 双脚前滑转体变后滑

两脚平行前滑，左转时，左脚后轮支撑，前轮离地，右脚前轮支撑，后轮离地，身体左转180°接后滑。右转同左转方法相同，但动作方向相反。

10. 双脚后滑转体变前滑

两脚同时后滑，向左转体时，重心移到右脚，左脚提起，随身体向左转180°落地支撑重心，同时右脚蹬转接前滑。向右转体时，动作方向相反。

（四）刹车技术

初学者一旦具备了滑行能力后，就应该立即学习停止技术，从而避免意外冲撞，减少意外事故的发生。以下介绍几种轮滑的制动方法：内"八"字停止法、制动器刹车法和急停技术等。其中内"八"字停止法和制动器刹车法为比较简单的制动方法，适合初学者学习使用；急停技术适合在速度较快的情况下使用，初学者很少用得到。

1. 内"八"字停止法

在获得一定的向前滑行速度后，两脚平行分开站立，随后脚尖内转，两脚以内侧轮柔和地压紧地面，两腿弯曲，上体稍前倾，臀部下蹲，两臂前伸维持身体平衡，逐渐减速至停止。这是一种柔和的刹车技术，不会使自己马上停止，适合于在长距离内制动和滑行中减速，如图3-4所示。

图3-4　内"八"字停止法

练习方法：一是在向前滑行时，两脚平行分开站立，先使右脚脚尖内转，以内侧轮柔和地压紧地面，身体重心稍向左移，按照上述姿势完成动作。二是在上述动作的基础上，再按照内"八"字停止方法进行练习。速度由慢到快，循序渐进。

2. "丁"字停止法

当左脚支撑滑行时，右脚横放在左脚后面，使右脚的轮子横向与地面摩擦至停止，这个方法停止速度较慢，动作简单，适宜初学和滑速较慢时使用。如想急停，重量应多压在后脚上。

3. 倒滑停止法

这种方法适用于装有前制动胶的轮滑鞋。在倒滑中将两脚变为前后开立，把重心移到前脚的前方，同时将两脚后跟提起，后轮离地，使脚前部的制动胶着地与地面摩擦而停止，此时是前腿弓、后腿直、上体稍前倾的姿势。

4. 平行停止法

这是一种难度较大的停止法，地面不平和技术不高的人慎用。在滑行中，双脚和上体突然向左转体90°，上体向左倾斜，两腿弯曲缓冲，使滑轮横向摩擦急停下来。

5. 制动器刹车法

双排轮轮滑鞋的前端装有制动器，使用制动器刹车的方法是：在向后滑行的过程中，将两脚分为前后开立，重心移到前脚的前方，同时将两脚后跟提起，后轮离地，使脚前部的制动器着地与地面摩擦减速直至停止。在停止后，重心稳定地落在双脚上站稳。用这种方法停止时，可将身体力量均匀地压在双腿上，也可主要压在蹬直的后腿上。

单排轮滑鞋一般只有一只鞋上有制动器，而且是装在鞋的后跟处，滑行时将带有制动器的脚放在前边，做前后分开立的姿势，重心移到后脚上并尽可能降低重心，上身抬起直立，同时前脚前伸，脚尖抬起，使前脚脚跟的制动器着地，前脚用适当的力量压地，使制动器与地面摩擦逐渐减速停止，如图3-5所示。

图 3-5　制动器刹车法

6. 急停技术

轮滑者必须尽早地学会急停，否则将会发生危险。在速度轮滑、花样轮滑中经常用到急停技术。

急停主要有"T"字形急停、侧急停、后急停几种。初学者可先学习"T"字形急停。

（1）"T"字形急停

俗称"T"刹，是在滑行中使两脚呈"T"字形的一种停止方法。单脚向前滑行开始，浮足在滑行脚的后跟处成"T"字形放好后，将浮足慢慢放在地面上，以内侧轮横向与地面摩擦，两腿弯曲，重心移到浮足上，成全脚掌着地以加大摩擦，减缓向前滑行速度，直至停下来。这种急停方法动作简单，适合初学者在滑速较慢时使用。

急停时身体要笔直，两膝要弯曲，位于后位的右脚要逐渐加力。此时滑速明显降低，逐渐停止，两臂在体侧斜下方自然伸展以助平衡，如图3-6所示。

（2）侧急停

在滑行过程中需要急停时，身体迅速向一侧转体 90°并带动双脚迅速转动 90°，两脚平行分开，同时身体重心急速降低并后坐。如向左侧转动时，右脚向滑行时的前进方向尽量前伸与地面成小角度反支撑，左脚也应在重心的前面成一定角度的反支撑，使左脚外侧轮和右脚内侧轮与地面摩擦，滑行突然停止。这种方法可在很短的时间内制动，但难度较高，不易掌握，且对滑行场地的平整和光滑度也有很高的要求，初学者运用时一定要注意安全，循序渐进，如图 3-7 所示。

图 3-6　"T"字形急停　　　　　图 3-7　侧急停

（3）后急停

这是一种速度较快、比较花式的停法，学习起来有一定的难度。在滑行过程中先做前变后，顺势将制动腿伸向体后，用轮子的内刃擦地制动，支撑腿弓步支撑。如用左腿制动，要逆时针做前变后；如用右腿制动，要顺时针做前变后。

注意环节：制动腿要蹬直；支撑腿要尽量弓，使重心压低；轮子要尽量倾斜，使摩擦距离尽量延长。如果倾斜度不够，制动脚突然制动，人会因惯性摔倒，如图 3-8 所示。

图 3-8　后急停

（五）陆地模仿

陆地模仿是在不穿轮滑鞋的情况下，在平地或草地上进行轮滑正确动作或技术的模仿练习。这种方法可以使初学者减少轮滑鞋的干扰，更容易掌握正确的技术动作，从而减少穿鞋学习摔倒的频率。在练习每一个新动作之前，都应先进行陆地模仿。

二、速度轮滑基本技术

（一）起跑技术

起跑是轮滑比赛的开始技术，它的任务是在最短的时间内，运用合理的动作，使身体由静止获得最理想的速度。速度轮滑的起跑姿势有两种：一是侧向起跑姿势；二是正向起跑姿势。

1. 侧向起跑姿势

（1）侧向起跑的预备动作

当听到发令员发出"各就位"的口令时，运动员以直立姿势站好，当听到"预备"口令时，运动员侧身向起跑方向，两腿平行分立与肩同宽，用轮子的内刃着地，将有力腿放在后面，两脚与起跑线呈 20°～30°，身体重心落在两腿中间，两膝微屈呈 110°左右，膝盖内扣，上体前倾与地面呈 40°～50°，前手臂自然下垂，后手臂向后侧平举，高度不超过肩，目视前方 8～10 米处，当听到枪响后立即跑出，如图 3-9 所示。

图 3-9 侧向起跑　　　图 3-10 正向起跑

（2）侧向起跑的特点

侧向起跑的主要特点是能用较强的蹬摆动作，克服人体的静止状态，取得前进的初速度，一般由腿部力量较强的运动员采用。

2. 正向起跑姿势

（1）正向起跑的预备动作

当听到发令员发出"各就位"的口令时，运动员面向起跑方向，以直立姿势站在预备线前；当听到"预备"口令时，运动员两脚尖分开距离在 20～30 厘米，脚尖分开呈 90°～120°，用内轮面压地面，两脚成外"八"字形站好。这时两腿微屈呈 110°左右，两膝关节前弓，身体重心落在两腿中间稍偏前部位，身体重心投影点位于脚前内侧，上体稍前与地面呈 40°～50°。如果右脚是有力脚，左臂放于体前自然下垂，右臂放于体侧后平举，高度不超过肩，目视前方 8～10 米处，听到枪响后立即跑出，如图 3-10 所示。

（2）正向起跑的特点

正向起跑姿势中的两脚离起跑线都较近，因而离开起跑线所用的时间就少，起动速度较快。但是要用身体重心前移克服人体静止状态，因而需要腿的力量较小，一般为反应敏捷的运动员所采用。

（二）滑跑技术

1. 直道技术

正确的直道滑跑姿势是上体前倾，肩高于臀部，上体与地面呈 15°～20°，大腿与躯干成 30°，膝关节弯曲呈 90°～110°，踝关节前屈呈 50°～70°。上体放松，两臂伸直，两手自然互握于背后，头微抬起，目视前进方向 8～12 米处，在滑行时身体重心稍前探。这种较大的弯曲两膝关节的低重心滑跑姿势，除了可减小空气阻力和使滑跑时身体平衡性较好外，更重要的作用是能使下肢伸肌拉长，加强伸肌的力量，给蹬腿动作创造最大的工作动力，如图 3-11 所示。

图 3-11　直道滑跑　　图 3-12　弯道滑跑

在练习和比赛时，直道滑跑的姿势又分高姿势、低姿势两种。采用哪种姿势滑跑只取决于下肢弯曲的程度。上体姿势在滑跑不同距离时也是不同的，长距离时上体前倾的角度较小，短距离时上体前倾的角度较大。

2. 弯道技术

弯道滑跑姿势是采用身体向左倾斜的姿势，这是由圆周运动的特点所决定的。在弯道滑跑时，身体成一条直线向左倾斜，头和肩也随之向左侧转动，左肩稍低于右肩，左臂稍低于右臂，双腿完成蹬地动作时，应尽量与身体倾斜面相一致，上体和支撑腿的滑行方向沿圆弧切线方向。在滑行中身体重心应居中稍偏左侧前方，整个弯道滑跑过程应有加速感。身体倾斜度与弯道半径的大小和滑跑的速度有密切关系，半径小，速度快，身体倾斜度就大；反之，身体倾斜度就小。掌握好身体倾斜度与弯道弧度的关系，是提高弯道滑跑速度的重要因素，如图 3-12 所示。

（三）冲刺技术

速度轮滑的冲刺一定要果断，应先抢占有利位置并在对手反应之前突然起动。一般长距离项目的滑跑冲刺距离长些，应该早一点发起，一般在离终点线 200～400 米便开始冲刺；短距离项目的滑跑冲刺距离短一些，一般在离终点 100～200 米开始冲刺。冲刺的发起时间一定要掌握好，一般冲刺距离随运动员水平的提高而加长。冲刺发起过晚，容易失去战机，被对手落下；发起时间早了，容易被对手超过。

在速度轮滑的最后冲刺阶段，运动员由于体力的消耗，应以顽强的毅力保持正确的滑跑动作并用最大速度滑跑完全程。必要时可加大蹬地力量和摆臂的幅度，适当缩短惯性滑进的距离并加大动作频率。撞线是速度轮滑运动员接近终点时一种特殊的滑跑动作。撞线时要改变原来的滑跑节奏，注意撞线的距离不能过长。一般在接近终点线 3～4 米处，加大身体向前倾斜的角度，一脚猛力伸出，踏过终点线。

三、花样轮滑基本技术

（一）前外弧线

以左脚开始，右脚内刃蹬地，用左脚外刃滑出，身体稍向左倾斜，左臂在前，右臂在后，右腿蹬地后直腿后举。身体缓慢左转。右腿前移靠近左腿，两臂侧平举。在滑过弧线一半时，右臂向前，左臂向后，交换右脚向前落地滑行，左脚内刃蹬地，其他动作同前，只是左右互换，两脚交替滑行。

（二）前内弧线

以左脚开始，用右脚内刃蹬地，左脚内刃滑出，右臂在前，左臂在体侧，右脚蹬地后直腿后举。滑过弧线一半时，两臂交换位置，右脚移至左脚前面落地以内刃滑行，左脚蹬地后的动作同前，只是左右互换。两脚交替滑行。

（三）后外弧线

以右脚滑后外弧线，可先向右做后压步。左脚用内刃蹬地后，用右脚外刃落地向后滑弧线。头从右肩上向后看，右臂在后，左臂在前，身体向右倾，右脚微屈膝。当滑过弧线一半时，头仍向右看，两臂随身体左转互换位置，右腿逐渐伸直，同时，左脚放到体后。当滑速减慢时，再做后压步，进行右后外弧线滑行。

（四）后内弧线

以右脚内刃做向后弧线滑行。先做向左的后压步，左脚蹬地后，右脚内刃着地向后滑弧线时，右臂在前，左臂在后，身体稍向左倾，头左转向后看。滑过弧线一半时，左脚移至右脚的侧前方，上体姿势不变。滑速减慢时，再做向左后压步，进行右后内弧线滑行。

（五）"3" 字跳

这是一个用前外刃起跳，在空中转体 180° 后，用后外刃落地的半周跳。从右后外弧线滑行接左前外弧线滑行。左腿屈膝，右浮腿伸直在后，两臂后摆，接着左脚蹬地跳起，同时两臂和右浮腿配合向左前上方摆动，并逆时针转体 180°，然后右脚屈膝缓冲落地，成后外刃滑行。左腿伸直后摆，右臂侧平举，左臂前平举。

（六）双足原地旋转

两脚平行站立，两臂先向左摆，接着右臂向右快速平摆，身体同时右转，用左脚的后轮和右脚的前轮支撑旋转。两臂放于体侧或抱在胸前，可加速旋转。

第四章　攀岩运动

第一节　攀岩运动概述

一、攀岩运动的定义

攀岩运动是除安全保护装备外不使用任何工具、仅靠手脚和身体的平衡并且采用各种用力方法攀登岩石峭壁或人造岩墙的极限运动，它从登山运动中衍生而来，融健身、娱乐、挑战和竞技于一体，被誉为"峭壁上的芭蕾""勇敢者的游戏"。

二、攀岩运动的分类

（一）按岩壁性质分类

按岩壁性质划分，攀岩运动基本可以分为自然岩壁攀登和人工岩壁攀登两种形式。

1. 自然岩壁攀登

自然岩壁攀登指在野外攀爬天然生成的岩壁。自然岩壁攀登可使人接近自然，充分体会攀岩的乐趣；岩壁角度、石质的多样性带来攀登路线的千变万化；由于岩壁相对固定，路线公开且可长期保留，因而自然岩壁的定级可经多人检测对比，成为攀岩定级的主要依据。但是野外岩场地处偏僻，交通不便，时间和金钱花费较大，路线开发也比较费力。

2. 人工岩壁攀登

人工岩壁攀登指在人工制造的攀岩墙上攀登，包括室内攀岩馆和室外人工岩壁。人工岩壁攀登对攀岩者来说安全性较高；交通方便，省时省力；不可预见因素少，可以定期训练或进行专项训练；人员密集，便于交流切磋；另外，人工岩壁可以对路线进行保密性设置从而成为攀岩比赛的主要形式。但是此形式缺少特殊地形，创意性少，自由发挥余地小；支点的可调性使得人工岩壁路线常变，定级主观性更强，准确度偏低，线路问题相对自然岩壁会比较尖锐。人工线路难度越大，对力量要求越高。

（二）按攀登形式分类

按攀登形式可分为徒手攀登和器械攀登。

1. 徒手攀登

徒手攀登，即不借助任何器械的力量而完全靠攀登者自身力量进行的攀登。这种形式在我国占主导地位，较符合户外运动的含义，主要考验攀登者在难度、速度和攀石等方面的综合攀爬能力。

徒手攀登又可分为运动攀登和传统攀登。

（1）运动攀登

运动攀登即在已经设置好安全保护点（站）的线路上攀登。这种攀登非常安全，易于开展，主要用于竞技比赛、运动员训练和初学者体验等。

（2）传统攀登

传统攀登即在预先没有设置任何人为保护措施的线路上攀登。一切保护措施需要领攀者在攀登过程中根据线路特点，凭借积累的经验，选用合适的装备来临时设置，跟攀者又会收取所有这些设置在线路上的保护装备，整个攀登过程原则上不会留下任何装备，不会破坏任何岩壁表面，所有传统攀登都可以认为是一种"绿色攀登"方式。不过这种攀登的危险性较大，需要攀登者具备丰富的器械使用和攀登经验。这种形式早先由英国攀岩者发明，并一直被该国的攀岩者所倡导与喜爱。

2. 器械攀登

器械攀登是指借助器械的力量攀登。在大岩壁攀登中较为常用，对于难度超过攀登者能力范围的路线，有时也借助器械通过。器械攀登对器械操作的要求较高。

（三）按保护方式分类

1. 顶绳攀登

顶绳攀登是指在岩壁上端预先设置好保护点，主绳通过保护点进行保护，攀登者在攀登过程中不需进行器械操作。它的特点是安全、脱落时无冲坠力、适合初学者使用，但对岩壁的要求苛刻，岩壁必须高度合适（8～20 米）且路线横向跨度不大，一般适用于攀登角度小于 120°的情形。由于需要绕到顶部进行预先操作，架设和回撤保护点的工作都比较烦琐。

2. 先锋攀登

先锋攀登是指路线预先打上数个膨胀钉和挂片，攀登过程中将快挂扣进挂片成为保护点并扣入主绳保护自己，攀登者需要边攀登边操作。先锋攀登在欧洲尤其在法国最为盛行，它比传统攀登安全性高，可以降低心理恐惧对攀爬的影响，从而全力以赴突破生理极限，挑战最高难度。另外，在角度较大或横向跨度较大的路线中，先锋攀登方式比顶绳保护有更大的便利，可以让攀登者在脱落后很容易地重新回到脱落处，从而可对难点进行反复练习。

3. 传统攀登

传统攀登是指将不同规格的岩石塞放置到岩壁上天然生成的裂缝、岩洞、石桥等地形中，形成保护点，再使用快挂和主绳进行保护。攀登者需要边攀登边操作。

4. 抱石攀登

抱石攀登是指在攀登线路短、高度低、难度大的线路时，不使用主绳、安全带等保护装备，代之以安全垫作为坠落时的缓冲。

5. 自我攀登

自我攀登是指不依赖第二人、攀登者使用器械自我保护而进行攀登。若无保护攀登达到一定高度（通常为 10 米以上），则称 Free Solo（无保护攀登）。从事这种攀登方法的人极少。

6. 其他保护形式的攀登

随着攀岩运动的发展和新材料的发明，像攀石、深水攀等新型攀登方式不断涌现，海绵垫、充气垫、强力安全网甚至水池等安全保护措施也随之用于攀岩保护，并取得了良好的效果。

（四）按竞技方式分类

按照比赛项目分类，攀岩运动可分为难度攀岩、速度攀岩和大圆石攀岩等形式。

1. 难度攀岩

难度攀岩，即采用先锋攀登，下方保护，以攀登完具有一定难度的线路为主要目标的攀登。与其对应的难度赛是指运动员们依次攀登由定线员在赛前专门设定的难度线路，在相同的时间内以攀登高度为成绩的比赛，高度越高，成绩越好。

2. 速度攀岩

速度攀岩，即采用顶绳攀登，上方保护，以追求攀岩线路的速度为主要目标的攀登。与其对应的速度赛是指运动员们依次攀登由定线员在赛前专门设定的线路，以攀登线路的时间为成绩的比赛，速度越快，成绩越好。

3. 大圆石攀岩

大圆石攀岩，指在没有绳索保护的状态下，攀登一般不超过 5 米高的岩壁的攀岩运动，一般采用海绵垫或充气垫作为保护。由于没有绳索的影响，这种方式可以最大限度地发挥攀登者的极限攀登能力。与其对应的攀石赛是指运动员们依次攀登一系列由定线员在赛前专门设定的短而难的线路，以攀登完这些线路的数量为主要成绩判定依据的比赛，数量越多，成绩越好。

（五）按参加比赛人数分类

1. 个人攀岩

个人攀岩分男子单人攀登和女子单人攀登比赛，这种比赛不仅比攀登技巧（包括技术水平和技术装备的应用），还比通过全部路线的时间（从出发地点到岩壁顶部，或来回所用的时间）。比赛在同一地形上进行，运动员轮流进行攀登。

2. 双人结组攀岩

双人结组攀岩比赛必须两人结组进行攀登，路线由裁判员指定。这种比赛除比攀登技术和速度外，还要比互相保护技术。其中的自选路线攀岩由运动员选择登上岩壁顶部和下降的路线，在距离攀登岩石 500～800 米以外的地方，运动员用裁判员提供的望远镜和绘图工具选择路线，并在绘图板上标明选好的路线。这种比赛不仅比攀登技术和攀登速度，还比路线选择的好坏。

3. 集体（小队）攀岩

集体（小队）攀岩与正规登山活动一样，参加者事先编队（4～6 人），背负全套登山装备（睡袋、帐篷、炊具、保护器材、绳索、冰镐等），通过事先指定的路线，按指定地点搭设和拆除帐篷，在途中攀登时交替保护，也可进行小队自选路线攀登。比赛内容包括攀登技术、小队战术、保护技术和通过全部路线时间等。

三、攀岩运动的特点

（一）唯一性

攀岩是唯一一项在陡峭的岩壁（包括人工岩壁）表面开展的运动。在人类开展攀岩运动之前，无数雄伟壮丽的悬崖峭壁只能供人们欣赏其静态之美，自从有了攀岩运动，人类就开始不断地赋予岩壁以生命之美。这一特殊性吸引了无数人，人们对攀岩运动产生了无限的好奇与遐想，从而使人们拥有一种想去体验的冲动。

（二）危险性

攀岩最早是作为人类探索自然的行为，受自然环境、气候条件和装备器材等因素的影响和制约，其危险性是不言而喻的。这种危险性还源于它是一项在高空开展的运动，只要离开岩壁，就有脱落的可能，就可能存在危险，这就要求每个参与者在思想上要有足够的认识，并通过不断实践，掌握相关的技术，积累各方面的经验。

（三）挑战性

攀岩作为一项极限运动，对人的身体、心理都极具挑战性。攀登者对线路的难度以及单位时间内完成的距离（速度）不断地发起挑战，每次攀登都是不断地挑战困难并战胜困难的过程，这充分体现出了人与自然的和谐，展示了人类的力量、勇气与智慧。

（四）观赏性

自 20 世纪中叶起，攀岩作为一项竞技运动在世界各地被快速普及、推广。目前，在比赛场地、装备器材、规程、规则、项目设置、竞技水平、媒体宣传等方面，攀岩运动已经日趋成熟和完善，达到了较高水平。攀岩比赛场面惊险、刺激，运动员动静结合、刚柔相济，集中展现了"岩壁芭蕾"之美感，具有良好的观赏性。

（五）参与性

随着攀岩场地条件的不断改进和装备器材的不断改良，攀岩运动的安全性大大提高，这为大众的参与创造了必要条件。目前，攀岩运动已成为都市白领追求时尚、放松心情的理想选择，对广大青少年进行素质教育的有效途径，众多户外运动俱乐部引以为傲的拳头产品和拓展培训中不可缺少的挑战项目。

（六）创造性

攀岩是一项复杂运动。攀登者在攀登前要根据不同的岩壁、不同的线路及个人的状况制订出相应的攀登计划与方案，并在攀登过程中对新出现的情况不断地调整，采取新的应变对策（第二方案或备用方案）。对竞技攀岩来讲，由于比赛多采用封闭式的攀登，参赛选手必须时刻保持清醒，冷静、迅速、果断地选择最佳攀登动作与路线。任何失误，都将导致失败。这种复杂性决定了攀岩运动具有无限的创造性。攀登的线路可能在天然岩壁上，也可能在人工岩壁上。线路的角度可分为俯角（角度小于90°）、直角（角度为90°）、仰角（角度大于90°、小于180°）和屋檐（角度为180°）四种。线路上的支点类型分为抠、按、捏、洞等，每个支点的方向及支点之间的位置和距离是不确定的，这些因素决定了攀岩没有完全固定的动作，要想做好就必须不断地实践并创造新的动作。正是这种永无止境的创新，赋予了攀岩运动无限的生命力。

四、攀岩运动的锻炼价值

（一）健身价值

攀岩锻炼者如果经常从事攀岩运动，可增强体质，从而促进人的全面发展。在攀岩过程中，其健身价值主要表现在以下几个方面：一是能改善和提高攀岩者中枢神经系统的工作能力；二是能促进攀岩者有机体的生长发育，提高其运动能力；三是能促进攀岩者内脏器官构造的改善和机能的提高；四是能提高攀岩者的适应能力；五是能提高攀岩者的人体免疫能力。参加攀岩运动可以全面、协调地提高身体素质。首先，上肢、下肢和躯干的力量素质可以得到平衡发展，同时还可以增强爆发力和力量耐力。其次，还可以发展柔韧性、协调性和灵敏性。

（二）教育价值

教育价值是教育在攀岩者与周围环境相互影响中所发挥的作用。攀岩运动的教育价值主要体现在以下两个方面：一是具有典型意义的学校基本教育；二是具有泛指意义的社会教育。在进行攀岩运动时，特别是在训练过程中，攀岩者要克服许多由运动产生的困难，体验在正常条件下不可能获得的身体感受。同时，攀岩还能培养和陶冶攀岩者的意志品质。强筋骨、强意志、调情感是攀岩的特殊功能，参与攀岩运动可起到"文明其精神，野蛮其体魄"的作用。

攀岩的过程和攀岩的训练过程，实质是一个不断挑战困难的过程。攀岩者在攀登一条线路的过程中可能会面临恐高、脱落，甚至冲坠等危险和挑战，而当攀岩者攀完具有一定难度的线路后，他一定会挑战难度更大的线路。因此，攀岩运动能培养人们，特别是青少年勇于攀登、永不言弃的意志品质。

攀岩是一个较为成熟的竞技项目，能有效地培养人们的竞争意识和团结协作精神。攀岩比赛主要有速度赛、难度赛和攀石赛，这三种形式分别体现了更快、更高、更强的奥林匹克精神。因此，参与攀岩比赛还能培养攀岩者公平竞争、团结协作的精神。

（三）娱乐价值

攀岩运动的娱乐价值主要通过两方面表现出来：一是攀岩运动本身所特有的魅力；二是人们参加攀岩运动所获得的乐趣。

攀岩运动独具魅力，它集竞技、娱乐、观赏于一体。攀岩者感受攀岩运动带来的刺激，观众感叹于它的惊险。体育频道关于攀岩赛事转播的收视率很高以及攀岩爱好者的人数不断增长从侧面说明了攀岩运动在娱乐方面的功能。

（四）经济价值

在商品经济社会，体育作为第三产业，以劳务的形式向社会提供服务。目前，攀岩运动在专业装备、器材和服装领域已形成了较为成熟的生产、批发和零售体系，有人工岩壁建造和自然岩壁开发的专业公司，有专门经营攀岩活动的岩壁场馆和俱乐部，有政府和企业相结合的商业性攀岩赛事。攀岩已不仅仅是"体育搭台、经济唱戏"，其本身作为体育大家庭的一员，在社会经济活动中发挥着越来越重要的作用。

第二节　攀岩运动技术

一、攀岩运动的手法与脚法

（一）手法

攀岩需要良好的身体条件，更需要全面的技术。手脚的配合、全身的协调用力会使攀岩动作更加流畅。

岩壁上的支点形状很多，攀登者要根据这些支点的形状，采取不同的抓捉方式，常用的有开握、扣握、反抠、曲握和捏等方法。

1. 开握

如果支点的边缘或某些点的小洞可以支撑住手指的第二关节，那么此时可以手指开握，让手指与支点充分接触，整个手掌不用紧握支点。

2. 扣握

遇到相对较小的支点时，四指并拢后能套住支点，用大拇指压住食指，支点就会被完全套在你的手中。

3. 反抠

反抠是指手掌向上抠握支点的方法，反抠动作可以用来维持身体平衡。用手反抠时，手要尽可能伸到支点的背后。

4. 曲握

曲握是把手掌弯曲，四指并拢，大拇指压在食指上，用手掌的外边缘抠握支点的方法，主要用于抠握小球状的突出支点及圆点。

5. 捏

当一个支点的形状没有可把住的边时，只能通过捏来增加握点的可靠性。有些点可以让大拇指压在支点的边，与四指的方向呈 $90°$；但当支点很小时，只能用拇指和食指的第二关节外侧去捏握。

（二）脚法

攀岩要想达到一定水平，必须学会腿脚的运用。腿的负重能力和爆发力都很大，且耐力强，攀登中要充分利用腿脚力量。攀岩一般都穿特制的攀岩鞋，穿上这种鞋，脚踩在不到 1 厘米宽的支点上都可以稳固地支撑全身重量。一些选手比赛时甚至要用快挂钩在鞋后帮上，硬把脚塞进去。新手买鞋往往过段时间后就会觉得脚上松松垮垮踩不上劲。一只脚，能接触支点的只有四处：鞋正前尖、鞋尖内侧边（拇趾）、鞋尖外侧边（四趾趾尖）和鞋后跟尖（主要是翻屋檐时用来挂脚），而且只能踩进一指左右的宽度，不能太多。比如把整个脚掌放上去，为的是使脚在承力的情况下能够左右旋转移动，实行换脚、转体等动作。换脚是一项基本的技术动作，攀登中经常使用。一些初学者换脚时是前脚使劲一蹬，跃起，后脚准确地落在前脚原在的支点上，看起来十分利落，但实际上是错误的。这样一方面使手指吃劲较大，另一方面会造成身体失衡，更重要的是在脚点较高时无法用这种方法换脚。正确方法是要保证平稳，不增加手上的负担，以从右脚换到左脚为例：先把左脚提到右脚上方，右脚以脚在支点上最右侧为轴逆时针（向下看）转动，把支点左侧空出来，体重还在右脚上，左脚从上方切入，踩点，右脚趁势抽出，体重过渡到左脚。体重一直由双脚负担，手只用来调节平衡。双脚在攀登过程中除了支撑体重外，还常用来维持身体平衡。脚并不是总要踩在支点上，有时要把一条腿悬空伸出，来调节身体重心的位置，使体重稳定地传到另一只脚上。

二、攀岩技术的基本要领

抓——用手抓住岩石的凸起部分。
抠——用手抠住岩石的棱角、缝隙和边缘。

拉——在抓住前上方牢固支点的前提下，小臂贴于岩壁，抠住石缝隙或其他地形，用手臂和小臂的力量使身体向上或向左右移动。

推——利用侧面、下面的岩体或物体，以手臂的力量使身体移动。

张——将手伸进缝隙里，用手掌或手指曲屈张开，以此抓住岩石的缝隙作为支点，移动身体。

蹬——用前脚掌内侧或脚趾的蹬力把身体支撑起来，减轻上肢的负担。

跨——利用自身的柔韧性避开难点，以寻求有利的支撑点。

挂——用脚尖或脚跟挂住岩石，维持身体平衡，使身体移动。

踏——利用脚前部下踏较大的支点，减轻上肢的负担，移动身体。

三、攀岩运动的基本技术

（一）徒手攀登技术

徒手攀登岩石峭壁技术是利用自然支点或人为支点（打入的岩石钢锥）进行徒手攀登。基本要领是"三点固定"，即在双手握紧和双脚蹬牢三个支点的条件下才能移动第四点。

攀登者要设专门的保护装置，要携带足够的岩石钢锥，沿攀登者攀登岩壁钢锥作为支点。各支点间距不宜过密，以 0.5 米为宜。这种人为支点的作用，不仅在于防止攀登者滑脱，还通过保护使攀登者胸部（或腹部）多一个支点，借此便可腾出双手安全地进行打锥等操作。为了省时、省力、减轻劳动强度，可携带一些小挂梯（脚蹬）交替挂于相应的人为支点上，从而可减少打入人为支点的数量。

1. 身体姿势

攀登时身体要自然放松，以三个支点稳定身体重心，重心要随攀岩动作的转换移动，这是攀岩稳定、平衡、省力的关键。要想身体放松就要根据岩壁陡缓程度，使身体和岩石保持一定距离，靠得太近，会影响观察攀岩路线和选择支点；但在攀登人工岩壁时要贴得很近。在自然岩壁攀登时，上下肢要协调舒展，攀岩要有节奏，上拉、下蹬要同时用力。身体重心一定要落在脚上，保持面向岩壁、三点固定支撑、直立于岩壁上的攀登姿势。

2. 脚的技术动作

一个优秀攀岩运动员的攀登技术发挥得好坏，关键是两腿的力量是否能充分利用，只靠手臂力量攀登不可能持久。脚的动作技术要领是，两腿外旋，大脚趾内侧贴近岩面，两腿微屈，以脚踩支点维持身体重心，在自然岩壁支点大小不一和方向不同的情况下，要灵活运用。但要切记，膝部不要接触岩石面，否则会影响到脚的支撑和身体平衡，甚至会造成滑脱，从而导致膝部受伤。另外，在用脚踩支点时，忌用力过猛，并要掌握用力的方向。

3. 手脚配合

攀岩运动上下肢力量是协调运用的。对初学者或技术还不熟练的运动员来说，上肢力量更为重要，攀登时往往是上肢引体，下肢蹬压来移动身体。如果上肢力量差，攀登时就容易疲劳，表现为手臂无力，酸疼麻木，逐渐失去抓握能力。失去抓握能力后，即使有好的下肢力量，也无法进行攀登。上肢要以手指和手腕、小臂力量为主，再配合以脚腕、脚趾以及腿部的力量。身体重心随着手脚用力的方向不同而协调地移动，手脚动作的配合应做到运用自如。

（二）器械攀登技术

1. 抓结攀登法

抓结是一种绳结，抓结攀登是在没有上升器的情况下采用的攀登方法。其连接方法是用两根辅助绳在主绳上打成结（手握端），另一端打成双套结（双脚端），不断向上攀登。攀登的方法要领是：抬腿提膝使拉紧了的辅助绳松弛，脚随之下蹬，身体重心移到上升一侧，另一侧也是如此动作，反复进行，直到攀登到顶。操作过程中，需维持好身体平衡，可利用岩壁的摩擦力向上抬腿，始终保持面朝岩壁姿势。动作要协调，有节奏。

2. 上升器械攀登法

第一个人登到峭壁顶部后，在上方将主绳一端固定好。将另一端扔至峭壁下方，下方固定拉紧。后继攀登者双手各握一只分别与双脚相连结的上升器，并将它们卡于主绳上，与双脚协调配合，不断沿主绳向上攀；也可利用双主绳，将上升器分别卡于两根主绳上向上攀登；也可利用一根主绳，将分别连接身体和双脚的两个上升器卡于主绳上，利用腿部的屈伸动作，沿主绳向上攀登。

3. 挂梯攀登法

遇到岩壁陡峭光滑，无任何可利用的自然支点或岩壁成屋檐状时，就必须利用挂梯攀登（或称人工攀登）方法。这种方法，就是将准备好的挂梯交替向上挂于相应的人为支点上，攀登者利用挂梯作为支点向上攀登。

利用挂梯攀登，首先要学会使用挂梯。挂梯挂于空中，要想用脚踩稳挂梯，是比较困难的，用力不当，就会造成身体在空中转动，这样就会消耗体力，延误攀登时间。另外，还要学会打岩石钢锥。打钢锥有时要用双手来操作，这样就要学会用脚蹬紧挂梯，使身体平稳地坐在脚跟上，以便腾出双手进行操作。

4. 缘绳攀登技术

岩石峭壁小于 90°时，第一攀登者登顶后，要在岩石顶部固定好主绳一端，将另一端扔至下方，后继攀登者拉紧主绳，屈臂引体，一手迅速上移，另一只手紧握向上攀登。向上引体时，身体后仰角度不宜过大，两脚随着屈臂引体及时有力地向上蹬踏岩壁。用前脚掌蹬踏，手脚协调配合。为了防止滑脱，可在主绳上打抓结与身体连接，手推抓结向上攀登，或另外增加一条主绳与身体连接，采取上方保护的方式助攀。

5. 双人结组攀登技术

在攀岩路段较长情况下，可采取两人结组交替保护的攀登方法。攀登时，第一攀登者要带足所需器材和装备，按双人结组装置进行连接。具体操作是，先将小绳套两端挂上铁锁，一端铁锁挂于主绳上，连接小绳套的铁锁要有次序地平行排列，不能交叉。攀登时，在同伴下方保护下，第一个攀登者到达适当的位置后，安装好保护装置，挂好保护绳，做好自我保护，然后通知同伴攀登。后攀登者，则在上方保护下攀登，同时依次收回挂在支点上的铁锁。待后攀登者攀登到保护者位置后，可不停留地继续按下方保护方法攀登。

6. 攀登岩石裂缝技术

对于宽度不超过 1 米的裂缝，攀岩者可采用立式、剪式、坐式和跪式等攀登姿势。攀登岩石裂缝时手脚的用力作用应根据裂缝的宽窄，将手和脚塞进裂缝，通过交换手法和脚法取得暂时的固定，逐渐向上攀登。有些过窄的裂缝及特殊地形地段，可根据具体情况采取相应的攀登方法。在攀登裂缝时，脚不能插入过深，身体不能太靠近岩面，以便双脚交替插入裂缝作为支点向上攀登。

7. 攀登棱脊技术

用脚蹬岩面顺着棱脊进行攀登，如棱脊无法用手抓握时，就只能骑在岩脊上，充分利用双手向里挤压的力量和两脚脚底或脚内侧与岩面的摩擦力向上攀登。

（三）攀岩保护技术

1. 固定保护

固定保护技术是对行进者或攀登者预设的专门保护。保护者将主绳进行某种固定，并选择有利的位置专门负责保护，在攀登岩石、峭壁、冰壁等技术复杂、危险性大的路段时多被采用。

固定保护时，保护者任务明确，随时处于操纵保护装置、对攀登者进行保护的戒备状态。根据保护者与被保护者的相对位置，固定保护有间接保护、上方保护和下方保护三种方式。

（1）间接保护

间接保护是指在保护的过程中利用语言、标志物等提醒攀登者在攀爬过程中轻松地找到支点。在攀爬的过程中由于攀登者在陡峭的岩壁上除了要手、脚协同用力向上攀爬外，还要用眼睛观察路线，随着高度的变化，攀爬者观察路线的视角会受到一定影响，找支点和路线就会出现偏差，因而保护者要提醒攀登者在上升的过程中找到更易攀爬的路线和更易抓握的支点，这一点在保护中非常重要。

（2）上方保护

保护支点在攀登者上方的保护形式，也是顶绳攀登的保护方式，主要用于速度攀登。在攀登者上升的过程中，保护人不断收绳，使攀登人胸前不留有余绳，但也不要拉得过紧，以免影响攀登者行动，这点在攀登大仰角时尤应注意。上方保护对攀登者没有特殊要求，发生冲坠时的冲击力较小，较安全。进行上方保护时，使用的器材一般有安全带、铁锁和下降器。保护人收绳时，应注意随时有一只手握住下降器后面的主绳（或把下降器两端的主绳抓在一起），只抓住下降器前面的绳子是难以制止坠落的。

（3）下方保护

保护支点位于攀登者下方的保护方式。这种保护方法是先锋攀的保护方法，主要用于高难度攀登。上方没有预设的保护点，攀登者在上升过程中，不断把保护绳挂入途中安全支点上的铁锁中。这是领先攀登者唯一可行的保护方法，实用性较大，而且是国际比赛中规定的保护方法。但是这种保护方法要求攀登者自己挂保护绳，而且发生坠落时，坠落距离大，冲击力强，一般由技术熟练者使用。

在下方保护的人员，要熟悉保护动作要领。针对危险性大的特点，下方保护的时候，保护者要时刻注视攀登者的每一个动作，不但要控制好绳子的松紧程度，还要有预见性，在攀登者发生脱手时要即时做出反应，同时要根据攀登者的攀爬情况及时地送绳和收绳，使攀登者在攀爬过程中顺利地运用技术动作来保障安全。在攀登者脱手坠落时，不要用力拉紧绳子，要给一定的缓冲，因为在发生冲坠时，如果两端同时受力的话，那么绳子受的冲击力就会很大。

2. 行进保护

行进保护是指攀登者在行进中不需要设置专人保护措施，只是在出现险情后依靠同伴及保护装置而采取的一种应急保护技术。最普通而简便的方法是用主绳将 2～5 名运动员的身体连接牢固，构成一个结组。结组行进中，一旦有人失误滚坠，同组其他人都要利用保护装置机敏地进行保护性操作，即立刻以最方便的姿势和最快速的动作，固定自己而拉住滚坠者。

3. 自我保护

不管是行进保护还是固定保护，攀登者一旦失误，都不能消极地依赖别人的保护，而要尽量做出各种自救动作，这叫作自我保护。

（四）支点技术

1. 一个支点技术

（1）引体抓点

引体抓点是指双手抓握支点，依靠上肢的力量引体向上，快速抓住下一个支点的方法。当目标支点较大而且距离较近时，一般采用引体抓点技术。

（2）单点钩挂

脚跟挂住两只手抓握的单点，通过脚跟钩挂减轻上肢负担，以便更容易抓住下一个点。当目标支点较大、距离较远时，一般采用单点钩挂技术。

（3）膝挂肘

用膝关节至大腿根部挂入手臂的肘关节，通过身体旋转固定提高身体重心，抓住下一个支点。在抓握点大而目标点不大且点的距离较远时，一般采用膝挂肘技术。

（4）空中换手

空中换手是指先单手抓点，另一只手叠加于抓点的手上，通过上肢发力引体，使身体重心快速向上移动，然后快速抽出抓握手，将抓握手和叠加手互换位置的方法。当抓握点只能单手抓握而又需换手时，一般采用空中换手技术。

（5）单腿平衡

单腿平衡是指用脚尖或脚跟踩点，踩点腿弯曲，使身体重心全部移到支撑的腿上的动作。当岩壁角度较小，脚点较大，选择休息时，一般采用单腿平衡技术。

2. 双支点技术

（1）两点纵向排列

①侧身蹬拉起身

手脚对侧使用，脚外侧贴近岩壁，身体重心处于手点下方，通过脚的蹬起和髋关节、腰部、躯干的旋转使身体重心向上移动，当移至脚发力的最高点时，上肢用力把重心拉引至目标点。当下方支点位于手点正下方，手点抓握方向向上，目标支点位于手点正上方较近区域时，一般采用侧身蹬拉起身技术。

②斜身侧拉

身体倾斜，手脚对侧使用，通过脚的蹬起和髋关节、腰部、躯干的旋转使身体向上移动，当移动到脚蹬发力抛物线最高点时，上肢用力把重心拉引向目标点。当下方支点和目标点位于手点两侧的不同区域，手点抓握向上或向左右两侧时，一般采用斜身侧拉技术。

③拧拉

手脚对侧使用，脚内侧贴近岩壁，通过膝关节的拧曲，固定重心，然后通过上肢推拉抓住目标点。当下方支点和目标支点位于手点同侧区域，手点抓握方向向上或向脚点方向一侧，距离手点较近时，一般采用拧拉技术。另外，拧拉技术一般多用于斜面。

④推拉

手脚对侧使用，通过膝关节发力使身体重心向脚点上方移动，当移至脚发力的极限时，上肢推动重心继续移动，直至身体重心移动到脚点正上方的平衡位置，上下肢同时发力，把身体重心推向目标点。当下方支点和目标支点位于手点同侧区域，手点抓握方向向上或向脚点方向一侧，下方脚点和目标点距离手点较远时，一般采用推拉技术。

⑤换手

换手是指通过重心的移动依次替换抓握手的动作。替换次序为无名指换抓握点手的食指，中指换抓握点手的中指，食指换抓握点手的无名指。当脚点位于手点下方区域，抓握点较小，需要换手时，一般采用换手技术。

⑥腿平衡

手脚同侧使用，将没有踩点的脚悬放于踩点脚的一侧，使身体重心保持平衡。当抓握点脚叠在同一侧，手脚点较近，目标点在另一侧时，一般采用腿平衡技术。

⑦蹿跃

两手抓点，一脚踩点，另一脚踩住高于脚点的岩壁位置，通过上下肢瞬间爆发用力，使重心大幅度提高，手脚迅速离开岩壁，身体飞跃到目标点。当下方支点位于手点正下方区域，手点抓握方向向上或向目标点方向，目标支点位于手点正上方较远区域时，一般采用蹿跃技术。

⑧反扣

手脚对侧使用，脚外侧贴近岩壁，身体重心位于手点下方，通过腿脚的蹬起和髋关节、腰部、躯干的旋转固定身体并使身体重心向上移动，当到达脚蹬发力抛物线最高点时，出手抓住目标点。当手点抓握方向向下（与脚点相对），脚点和手点较近，而且目标点较远时，一般采用反扣技术。

⑨倒挂钩脚

双手反向抓点，通过收腹、举腿，使脚超过手点向上钩住上方的目标点，形成倒立姿势，然后通过下肢的钩挂力提升重心，用手抓住目标点，再旋转身体，使身体回到正常状态。在大角度岩壁攀登中，当抓握点小，目标点较远且处于抓握点上方区域时，一般采用倒挂钩脚技术。

（2）两点横向排列

①脚挂手点

两手各握一个抓点，手脚对侧使用，用脚跟挂住手点，通过脚跟钩挂用力，使身体重心向上运动，当移至脚跟发力顶点时，用脚跟和对侧手固定身体，另一只手抓向目标点。当下方没有脚点，目标点处于正上方区域且较远较小时，一般采用脚挂手点技术。

②脚钩挂手点

两手各握一个抓点，手脚对侧使用，一只脚脚跟挂住手点，另外一只脚脚尖钩住此手点，通过挂脚脚跟和钩脚脚尖同时用力，使身体重心向上运动，移至脚跟发力顶点时，再用脚跟与脚尖和对侧物固定身体，用另一只手抓向目标点。当下方没有脚点，目标点较远较小且处于抓握点左右区域时，一般采用脚钩挂手点技术。

③翻撑上点

两手各握一个抓点，通过上肢快速发力，使身体重心迅速向上移动超过双手抓握点，当身体重心超过抓握点时，迅速将抓握的手型变为撑点手型，然后上脚踩住手撑点，再站起抓握下一个目标点。在仰角攀登中，当下方没有脚点，目标点非常远、小且处于抓握点上方区域时，一般采用翻撑上点技术。

3. 三个支点技术

（1）转膝侧身

两手抓握同一个支点，左右脚各踩一个支点，根据目标点位置向内旋转同侧脚膝关节，同时转动身体，使身体侧面靠近岩壁，带动身体重心贴向岩壁，再通过四肢和躯干的肌肉扭拉力固定好身体。当需要通过轮换旋转两只脚的膝关节，使对侧手得到休息时，一般采用转膝侧身技术。

（2）转膝侧蹬拉

两手抓握同一个支点，左右脚各踩一个支点，根据目标点向内旋转同侧脚膝关节，同时转动身体，使身体侧面靠近岩壁，并带动身体重心贴向岩壁，再通过向内旋转膝关节的脚发力，使身体重心向膝关节旋转反方向移动。当上肢抓握点较小，脚点较低，目标抓握点在左右侧较远时，一般采用转膝侧蹬拉技术。

（3）跪膝撇腿

两手抓握同一个支点，左右脚各踩一个支点，根据目标点位置，向内旋转同侧脚膝关节，同时转动身体，使膝关节低于脚点，身体侧面靠近岩壁，带动身体重心向岩壁靠贴，通过向内旋转膝关节的脚发力，使身体重心向膝关节旋转反方向移动。当上肢抓握点较小，脚点较高，目标抓握点在左右侧较远时，一般采用跪膝撇腿技术。

第三节　攀岩运动训练

一、攀岩运动训练原则

（一）安全性原则

安全性原则是攀岩运动训练中必须遵循的基本原则之一。惊险刺激是攀岩运动的一个显著特征，同时也使攀岩承载着很大风险。因此，为保证攀岩运动训练的顺利实施，必须树立"安全第一"的训练理念，时时处处强化安全意识，确保攀岩运动训练全过程的安全。

（二）循序渐进原则

循序渐进原则是指在安排训练内容、训练方法和运动负荷时，应遵循由易到难、由简到繁、逐步提高认识规律和动作技能形成规律，帮助攀岩者系统地掌握攀岩知识、技术、技能和科学的训练方法。

（三）系统性原则

攀岩运动有"岩壁上的芭蕾"之称。攀岩者在岩壁上的闪、展、腾、挪、移、跃等，对攀岩者的力量、耐力、柔韧、协调、灵敏和智力等都有很高的要求。因此，攀岩运动训练必须循序渐进，系统、连贯地进行。

（四）区别对待原则

攀岩运动训练必须根据攀岩者的不同特点、不同训练状态、不同训练条件等有区别地组织安排相应的训练内容、运动负荷和训练时间等。攀岩运动对攀岩者的身体、心理、智力等方面要求很高，但每个运动员的承受能力、恢复能力以及对技术的理解与掌握能力各有不同，要使训练科学有效，就必须针对不同的攀岩者，制订不同的训练计划，区别对待。

（五）最弱淘汰原则

在攀岩运动训练中，及时准确地发现和找出运动员最需要攻克的弱点，并针对此弱点加强训练。通过最弱淘汰训练，力求攀岩者的攀登弱项不弱，进而不断增强运动员的攀登实力。

二、攀岩运动技术训练

攀岩运动技术是指攀岩者合理地运用自己的能力，完成各种攀登动作的有效方法。攀岩运动的技术训练主要包括攀岩手法训练、攀岩脚法训练和综合技术训练等。

（一）攀岩手法训练

手在抓握支点时，依手指弯曲的角度可分为抠、钩、搭三种抓法。所谓"抠"，是通过手指指尖及各指关节（一、二或三个关节）弯曲抠入支点用力，适用于支点较小，但有小凹槽的地方。所谓"钩"，是把手指弯曲成钩形来钩住支点的方法。当支点较小时，用力点在中指尖；当支点较大时，用力点则落在第二指节，第二指节张开的角度越大，所需的力量也就越大。所谓"搭"，是把手指稍微弯曲，搭在支点上发力的动作。两手抓同一支点时，前手可先放弃最佳抓握处，让给后手，以免换手的麻烦；抓握支点水平用力时，受力臂位置要低，靠向下的拉力加大水平摩擦力，以保持身体的稳定。要学会使用拇指的力量，尽量把拇指搭在支点上，在攀登较长路线时，可选择容易地段两只手轮换休息；休息地段要选择没有仰角或仰角较小且手上有较大支点的地方。休息时双脚踩稳支点，手臂拉直（弯曲时很难得到休息），上体后仰，腰部要向前顶出，使下半身贴近岩壁，把体重落到脚上，以减小手臂负担；休息时可抖动手指、手腕进行放松。

（二）攀岩脚法训练

把脚放在脚点的最佳位置，集中注意力观察下一个落脚点，平稳流畅地将身体重心转移到另一只脚上。不管是站在支点上，还是在支点上攀爬，都要保持脚的稳定，同时把上体的动作与脚的动作分开，在转移重心及攀爬时保持动作的流畅。

（三）综合技术训练

综合技术训练要点是：侧爬易，正爬难；侧身贴墙跨度大；上点下点要贴岩，"人"字点往外拉；先移重心再抓点，重心带体抓点易；脚踩点，掌前、掌内或外侧腿成120°为最佳，最好多做反向拉。训练时，首先要练好手脚配合。初学者或技术不熟练的攀岩者，如果上肢力量差，攀登时就容易疲劳，甚至逐渐失去抓握能力而脱攀，因而学习攀岩首先要练好、练强上肢力量。上肢力量又以手指、手腕和手臂为主，然后再配合脚踝、脚趾以及腿部的力量，使身体重心随着用力方向的不同而协调移动，从而达到手脚配合运用自如的程度。

三、攀岩运动战术训练

攀岩战术是指在攀岩比赛中，根据对手和外部条件，充分发挥运动员自身特长，争取获得最佳比赛成绩的方法。攀岩战术训练是指培养攀岩运动员合理运用攀岩战术原则和战术方法的训练。

（一）选择线路

对于初次攀岩者而言，第一次攀登适宜选择自己力所能及的岩壁进行攀登，这样不仅可以增加自信心，还可以消除畏惧心理。在线路的选择上，攀爬者首攀最好选择初级训练中最高级数加一级的线路进行极限攀登训练。以后随着技术的提高，可以选择难度较高的线路进行攀登。

（二）攻克难点

遇到难点时，要尽可能选择最佳方案进行克服。对于熟知的难点，可凭训练中的知识或经验进行克服；对于未遇到过的难点，尽可能在难点前选择较好的休息位置，边休息边思考对策，力求一次成功。

（三）节省体力

攀登中有许多支点，但每一个支点都有许多不同的握法，要尽可能选择最省力的方法。例如，交换抓握支点的手找到最佳握法；体会用拇指发力来减轻其余四指负荷；以手掌外缘握住凸点，使手指暂时休息；以动态姿势攀登简单路线；将重心移至脚，使手臂暂时舒缓；等等。另外，攀爬必须全盘考虑整条路线的力量配置，要为难点前的路段预留体力。

（四）控制节奏

挂快挂时，应选择较佳的把点；擦镁粉时，应选择最平衡及最轻松的姿势，使肌肉获得真正放松等。攀岩者在攀爬岩壁的过程中，要注意自己与峰顶的距离以及自己的体力状况，根据距峰顶距离的远近合理控制攀爬的速度，掌握好速度节奏。

（五）调整心态

比赛与日常训练最大的差别就在于胜败的心理压力。因此，学会调整比赛过程中的心理状态很重要。例如，重视比赛，但不看重比赛名次；重在参与，努力完成比赛全过程；比赛过程中，遇到困难，冷静应对，想法克服等。

（六）明确目标

参加任何攀岩比赛，都应有一个明确的目标，例如重在参与、挑战自我、战胜对手等。有了明确的参赛目标，就能够集中精力，坚持方向，扬长避短，选择最佳对策，力争理想成绩等。

四、攀岩运动训练后疲劳的消除与恢复方法

（一）肌肉系统方面的疲劳消除与恢复

在攀岩运动中，局部的肌肉群组织以及关节组织会受到很高的负荷。因此，在训练完成之后应重视肌肉方面的恢复。例如，使用温水洗浴的方式恢复，利用温水的刺激，有助于促使肌肉组织放松，并使神经得到安抚。应将水温控制在43℃左右，洗浴的时间控制为13分钟，不可以高于19分钟，每天两次。也可以使用推拿按摩的方式进行肌肉系统的恢复，应重点了解肌肉的信息反馈情况，促使身体内环境保持稳定，从整体的肌肉情况来分析局部的肌肉信息。与此同时，按摩还有着调理阴阳以及活血化瘀的作用，促使肌肉血液循环的改善，消除疲劳

感。在此过程中，可以引导攀岩者在训练之后对小臂的肌肉群以及腿部肌肉群进行按摩，更好地消除疲劳感。

（二）神经系统方面的疲劳消除与恢复

部分攀岩者在攀岩期间会出现突然性的神经系统疲劳感，导致心血管系统受到影响，出现心跳突然加速的现象。但是，此类现象的出现并非因为攀岩者心肺功能已达极限，而是攀岩者在做高难度运动的时候，神经系统做出反应，导致心情紧张，出现呼吸暂停的现象，只有加速呼吸，才能保证氧气的充足。如果出现此类问题，在攀岩训练后就要引导攀岩者进行快走、慢跑或是游泳等有氧运动，在有氧运动的支持下，使得血液循环的速度加快，促使肌肉当中的乳酸消除，同时还能调节呼吸系统，保证氧气的充足。

第五章　登山运动

第一节　登山运动概述

一、登山运动的定义

登山运动是指人们在户外，几个人徒步或者利用登山装备，在同伴的帮助下或者器械的保护下，攀登一定高度的山峰的一项户外运动。

二、登山运动的分类

（一）高山探险登山

高山探险是登山运动项目之一。运动员在器械和装备的辅助下，经受各种恶劣自然条件的考验，以攀登高峰绝顶（一般指雪线以上）为目的的登山活动。

高山探险登山是人与大自然的恶劣环境的搏斗，对登山者有较高的要求。

首先，登山者要有良好的体质和坚强的毅力。在登山过程中，运动员经常面临着滚石岩壁、雪坡冰墙、狂风严寒、高山缺氧等多种困难和难以预料的险情，登山运动员必须具有坚强的耐力和对各种恶劣自然条件的高度适应能力。

其次，登山者还要具备一定的科学技术知识，能运用各种登山技术装备，排除各种险情，进行行军、露营和炊事，要会使用通信、摄影、气象和科研等器材，还应有识图、观察天象、鉴定生理指标等本领。

另外，登山运动员要有能结合专业进行综合科学考察的能力。探险登山的一些山区，往往是一般科学工作者平时难以深入的地区，而登山运动员在高山缺氧的环境中，比一般科学工作者活动能力强，这就可以结合自己的专业，独立或协助别人进行科学考察。

（二）竞技登山运动

竞技登山又称"技术登山"，是一种运用熟练的攀登技术和各种技术装备，专门攀登悬崖峭壁或冰壁的登山活动，始于19世纪末。

在欧洲，许多登山家将登山的目标转移到亚洲高山区的同时，西欧以阿尔卑斯山为中心的竞技登山运动也活跃起来。欧洲登山界把各种陡峭难攀岩壁划分出六个不同的难度等级，开展攀登竞赛。到了19世纪70年代，欧洲攀登能手已不满足于六个难度级别，因而出现了第七级的高难度等级，19 世纪 80 年代又出现了第八级的特高难度级别。有人将登山运动誉为"高山上的芭蕾""岩壁上的艺术体操"。目前，在攀登技术上有两种不同风格类型：一种是力量型，一种是技术型。两种类型虽平分秋色，但技术型似乎更具魅力。

（三）普通登山运动

由于受登山装备和技术等条件的限制，广泛开展探险登山和攀岩比赛是不可能的，但是，与旅游和群众性体育活动相结合，组织一些难度较低、装备条件要求简单的登山活动和攀岩比赛还是很有意义的。

1. 旅游登山

旅游登山是一种旅游和登山相结合的活动，20 世纪 70 年代初随着登山运动的发展而兴起。19 世纪 80 年代以来，西欧、日本、美洲各国和我国港台地区的登山旅游活动非常活跃，据统计，每年登上西欧最高峰——勃朗峰的人数达 10 余万人，而日本的最高峰——富士山，每年也有多达 250 万人前往攀登。

在中国，旅游登山活动也已逐步开展。中国闻名中外的五岳、著名的四大佛教名山以及其他雄伟秀丽的山峰，吸引了无数登山旅游爱好者。

2. 定向登山比赛

这种竞赛在欧洲、日本等国开展得较为普及，它与旅游登山的不同之处在于它是一种比赛性的登山活动。开展登山竞赛要事先选定一座山峰（攀登难度不宜过大），以登顶为目标。参加比赛的运动员分为若干个小组，从一个出发点同时出发，按事先规定的路线越过草坡、山涧、河流或小溪、冰雪坡，选择宿营地点，攀登岩石峭壁等，登上顶峰后下山返回原出发地点或指定地点。

在路线上，每一段特殊地形，如渡河点、峭壁、宿营地等处，都设有裁判员。裁判员对各组通过特殊地形时的路线选择、通过方式、技术装备的使用、攀登技术的运用、宿营地点（是否安全、生活方便与否、帐篷搭设是否合理等）的选择进行评定。这种登山比赛多半在大专院校的学生中和军队中进行，参加者一般要经过系统的训练。

三、登山运动的意义

（一）得天独厚的环境

登山运动是一项利用自然条件进行全身性锻炼的有氧运动之一。人们进行登山活动一般都喜欢在山区进行，因为这里林木繁茂，阳光充足，氧气含量高，是开展登山运动的优越条件，也是得天独厚的运动环境。登山所消耗的热量和代谢量比游泳要多 2.5 倍，比跑步、打羽毛球都更有效，更容易实行，同时还不需要支付健身费。

（二）可以建立良好的社会人际关系

登山运动具有独特的强体、保健及辅助治疗功效，还很容易建立良好的社会人际关系，如遇到陡坡、路窄等特殊情况时，一个搀扶，或者伸手拉一下队友等，都是构建良好社会关系的桥梁，其价值对于久居城市的人更为明显。

（三）减肥瘦身

在登山过程中，人体运用最多的部位就是腿，尤其是大腿前侧肌肉。登山运动对减少腿部脂肪有很大的帮助也非常有助于腰部、腹部的锻炼。

（四）保护视力

登山活动对人体有很多好处，从医学角度，它对提高人的视力、四肢协调能力、心肺功能，消耗体内多余脂肪、延缓人体衰老等方面很有益处。治疗近视有一个最简捷的方法，就是极力的眺望远处，放松眼部肌肉。城市中由于工业污染及热岛效应等多种因素，空气中颗粒悬浮物较多，可见度较差；而在山野之中，特别是在山巅之上，目光可以放至无限远，从而可消除眼部肌肉的疲劳，起到保护视力的作用。

（五）增强心脏功能

山中原始森林和草地的面积远非城市中的绿地花草所能比拟。因此，在山间行走，对改善肺通气量、增加肺活量、提高肺功能有很大帮助，同时还能有效地增强心脏的收缩能力。很多人都认为，跑步对增强心脏功能是最有效的，其实登山运动的功效也并不逊色。

在登山的过程中，人体肌肉的收缩不仅要使身体向前移动，还要使身体向上抬高，这就给心脏增加了负担量，因而使心脏的收缩速度加快，力量加大，随着坡度的增加，速度的加快和时间的延长，这种负担量就会越来越大，这对心脏是一种非常好的锻炼，时间长了就会使其产生适应性变化。

（六）促进新陈代谢

我们日常体内的糖代谢属于有氧代谢。人们在选择山峰的时候，一般是选择空气稀薄的山峰，人体在攀登过程中大部分的能量会转为无氧代谢，再加上攀登活动的运动量较大，山中野餐往往难以满足体内热量需求，因而登山运动能够大量消耗人体内聚集的脂肪组织，尤其是腰腹部的脂肪组织。登山运动属于有氧运动，能够使肌肉获得比平常高出 10 倍的氧气，使血液中的蛋白质增多，免疫细胞数量增加，从而有效帮助体内的有害物排出。

第二节 登山运动技术

一、行军技术

（一）行军的原则

1. 必须了解山区的地理和气候状况

避免迷失方向，节省体力，提高行进速度。

2. 坚持"走梁不走沟，走纵不走横"

如果不得不越野，应尽量选择在高处行进，避免在低处行进。这是因为：高处地势高，视野开阔，便于确定站立点和保持行进方向；通风、干燥，荆棘、杂草、虫害及其他危险少。

3. 行军时要注意控制行进的节奏与速度

行走节奏以呼吸频率为准，步调与呼吸合拍。步调比呼吸快，会使人感到难受，并且容易疲劳；上气不接下气，就要放慢步速或稍微休息一下，调整呼吸。无论是下山还是上山，行进的速度要因人而异，太快或太慢都会造成疲劳。

4. 大步走的原则

可以节省很多体力。在行进过程中，登山者应脚掌着地，尽量不用脚蹬，腰稍弯，上体稍前倾，身体重心要随着落地脚的支撑而左右摆动，切忌用脚尖行走，以防踢落滚石造成危险。

5. 体力分配原则

在行进过程中，体力分配通常是登山时用 1/3，下山用 1/3，留下 1/3 余力，只有这样才能保持精力旺盛，从而减少持续行走时的意外事故。

6. 行军组队原则

在行军时通常要采用一定的组队方式：最前面的是富有经验的领队，应准确地掌握步调和路线，按计划率领队伍前进。第二位置和第三位置是最佳位置，应让给缺乏经验、体力较弱或负荷较重的队员。领队应处在能掌握全队的位置。如果队伍人数较多，可编成 5～6 人一组的小队。小队的组编，以不影响到达目的地后的帐篷搭设、营地建设和炊事工作为原则。

（二）行军中的步行法

步行法的好坏十分重要。熟练的登山者有其独特的步行技术：保持身体平衡，步伐节奏适中，随时调节呼吸。

1. 上山步行法

上山步行法与平地步行法基本没有太大区别，但上山却比走平地更费体力。因此，需考虑各种条件，如登山者本身的身体状况、登山时的气象条件、团体及个人能力与装备等。

开始登山时，需特别注意的是步伐不要太快。不习惯走山路的人，正确的步行法是将脚适度抬起，尽量节省体力，再配合手臂的摆动及肩、腰的平衡，不急不慢地向上攀登，并调整好呼吸。

（1）直线攀登法

直线攀登法适用于攀登坡度在 30°以下的山坡。上山时身体稍向前倾，全脚掌着地，两膝弯曲，两脚呈"八"字，迈步不要过大过快。

（2）"之"字形攀登法

"之"字形攀登法是指按照"之"字形的路线左右斜越、盘旋而上的攀登方法。这种攀登方法适用于攀登坡度大于 30°的山坡，以减少直线攀登时的难度和滑坠的危险。采用这种方法攀登时，腿微微弯曲，上体前倾，内侧脚脚尖向前，全脚掌着地（主要用脚外侧蹬地），外侧脚脚尖稍向外撇（主要用脚跟蹬地）。在行进中如不小心滑倒时，不要惊慌失措，要立即面向山坡，张开两臂，伸直两腿（足尖翘起），使身体的重心尽量上移，减缓滑行的速度。同时要设法在滑行时寻找攀缘物和支撑物以阻止下滑。如图 5-1 所示。

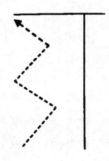

图 5-1　"之"字形攀登法

2. 下山步行法

下山时使用的能量较少，几乎和平地行走差不多，但下山发生意外的情形比上山时要多。行走时应随时看清前面路的状况，做好脚步应踏在哪里的判断。切勿一味地向下冲，这样不仅容易滑倒，脚跟和膝关节也容易疼痛，下山时越是陡坡越要慢行。

3. 山脉棱线步行法

一般所说的登山大多是走的山脉棱线，这是登山活动中最常见的。但山的棱线有各种不同的形态，有不长一草一木的岩石构成的棱线，也有被茂密的原始森林掩盖的棱线。山的棱线大都有小径，如果没有那么就是从未有人登过的山。

走棱线迷路时，一定要沉着冷静，天晚雾浓时更应慎重行事。雾气越大越要沉着，仔细观察四周后再前进，以免走错路而多消耗体力。

二、登山保护技术

保护技术是登山者必须具备的技术之一。保护技术是为了防止登山者在登山过程中因动作失误或其他突发情况①而引起的意外险情时使用的各种操作。在攀登、下降、渡河、救护等技术操作中，为了保证登山者的安全，需要各种保护技术同时配合。登山者长时间在岩石或冰雪峭壁或岩石滑坡等危险路段上行进时，一旦动作失误，就有滑坠和摔落的危险，轻则受点小伤，重则会危及生命，因而对于登山者而言保护技术是重中之重。保护技术可以在出现上述情况时，使险情得以及时控制，并为登山者逐步从险境中解脱出来提供条件。即便是在未出现险情的正常情况下，由于登山者在行动中有了保护，也会消除恐惧心理，产生安全感，有利于登山者更好地发挥登山技术。

（一）上方固定保护

在保护的过程中，固定保护者处于被保护者的上方，多在攀登岩石峭壁过程中采用。首先保护者在峭壁顶部利用打入的钢锥或自然物体将主绳牢牢固定。其次将自己身体也固定于主绳的相应位置，以防攀登者失误脱落时被带动。最后将主绳另一端抛给攀登者，攀登者将绳端牢牢固定在自己身上，通知保护者后，便可以进行攀登。保护者要随着攀登者的行进不断做收绳动作。

1. 站立式保护法

保护者采用站立式保护法对攀登者进行保护时，应首先选好保护位置，做好自我保护。然后身体侧对岩壁站立。站立时先将一腿（左或右）迈出一步，脚蹬在有力的支点上，腿伸直，脚尖指向攀登者，后面的腿稍屈成弓步，身体重心落在后腿上，形成保护姿势，如图 5-2 所示。保护者站立的重心不宜过高，否则一旦受力，就有被牵动而拉倒的危险。

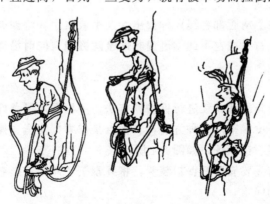

图 5-2　站立式保护法

---

①登山突发情况如突然从洞口飞出的鸟类，会突然吓登山者一跳，使登山者注意力不集中而导致身体下滑，或者是猛然出现的动物，使登山者猝不及防而导致身体的下滑，这些下滑有可能导致登山者受伤或失去生命。

在攀登者下降时，保护者要做放绳动作，其方法是：在右手或左手（制动手）握紧绳索的前提下，左手或右手（活动手）沿绳上移，并同时将绳放出，左手或右手（活动手）随绳的被拉出而移至胸前握绳，待左手或右手握紧绳，如此反复动作，绳索就会逐渐放出。

在保护中无论是收绳或放绳，都不要把绳拉得过紧或放得过松，过松就失去了保护作用，过紧则会影响攀登者或下降者的动作。

2. 坐式保护法

保护者采用坐式保护法对攀登者进行保护时，也要首先选好有利地形，做好自我保护。保护者面对被保护者（攀登者），坐在地（岩石或雪坡）上，两腿自然分开，两脚蹬住较凸出的岩石等作为支点。保护者应把保护绳在自己身上缠绕，即将保护绳一端连接被保护者，另一端（固定端）经腰部向前拉拢，两手在腹前将固定端握住，如图 5-3 所示。

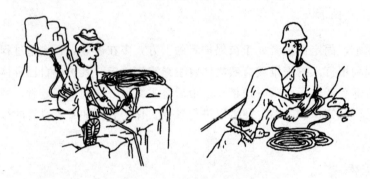

图 5-3　坐式保护法

收绳方法：右手或左手收绳至腹前，左手或右手同时由腹前向外拉绳，收至腹前的右手或左手将经腰部缠绕于腹前的绳两边同时握住抓牢。左手或右手迅速收回到腰间并抓绳，同时沿绳滑出握绳，准备再次收绳。

放绳方法：右手或左手从腹部将绳向外拉出，左手或右手顺势握绳收回腹间并抓紧经腰部缠绕于腹前的两边绳索，右手或左手此刻迅速收回腰间握绳，同时沿绳向外滑放握绳。

3. 器械保护法

器械保护法是利用下降器和铁锁进行保护的方法，可根据地形条件采取站立式或坐式保护姿势。在登山训练和竞赛中多采用这种方法，其优点是省力、安全、操作简便，但必须具备一定的登山器材，如下降器、铁锁等，如图 5-4 所示。

利用下降器保护，首先要安装好保护装置，将绳索按"八"字形缠绕在下降器上，双手分别握紧从下降器绕出来的绳索。

收绳方法：从左手或右手向下拉绳，同时将通过下降器缠绕的绳拉紧，如此反复操作。

放绳方法：与收绳操作方法相同，但动作的方向相反，将绳逐渐放出即可。攀登者失误脱落时，可做制动性保护，即将一端的绳索向相反方向用力拉紧，使绳索停止滑动，保护脱落者。

制动保护

图 5-4　器械保护法

利用铁锁保护时，首先要选好有利地形，做好自我保护，并安装好保护装置，如图 5-5 所示。这种保护实际上是在站立式保护的基础上增加了铁锁保护，使保护效果更加完善，因脱落造成的牵动力会因此大大地减弱。这种保护的收绳方法同站立式保护一样，通过两个铁锁作为支点加大绳索和铁锁的摩擦力使保护奏效，但保护的制动性较差。

图 5-5　利用铁锁保护

登山保护技术对攀登者起到保护作用，关键在于两方面的力：一是保护者上肢对保护绳的握力和拉力，二是摩擦力，如图 5-6 所示。另外，保护绳在保护者与被保护者之间还有一个支点，上方保护支点就是崖角，下方保护支点就是攀登者预设的保护装置，这两个支点加大了保护绳的摩擦，从而也加大了安全系数。

图 5-6　利用保护绳

（二）下方固定保护

第一个人攀登峭壁或冰壁时，因上方无人，只能采用下方固定保护，即保护者的位置在攀登者的下方，如图5-7所示。其保护装置也是将主绳的一端在保护者附近固定，另一端让攀登者牢系在身上。攀登者在行进过程中，保护者要不断做放绳动作，在攀登者失误滑脱时，牵动保护者的拉力来自上方，对保护者不构成威胁。一般处于下方的保护者可不设自我保护装置。

图 5-7　下方固定保护

（三）交替固定保护

登山过程中，结组通过岩石、峭壁、冰壁等陡峭而危险的地段时，多采用这种方式。交替固定保护的具体要求是：一个结组内只能有一个人攀登，这个人攀登时其他人停止攀登并对攀登者进行保护。保护者应首先将钢锥或冰镐打入斜坡或冰雪面，作为牢固的支点，然后将主绳在钢锥或冰镐的上面按特定要求进行缠绕。攀登者走完主绳间隔的那一段距离后，停下来改做保护者（同上做法），然后第二个人开始攀登，依次反复进行。如图5-8所示。

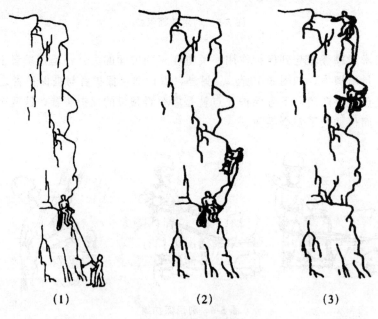

(1)　　　　　　　(2)　　　　　　　(3)

图 5-8　交替固定保护

三、结绳技术

结绳技术是登山者必须掌握的基本技术之一。在登山过程中，登山者互相保护、越过障碍、攀登岩石或冰雪峭壁、渡过山涧急流等都离不开绳索，绳索是登山中所使用的最重要的装备。然而绳索只有通过与登山者身体或其他物体的相互连接和固定，才能起到辅助行进和保证安全的作用。绳结方法的运用直接影响绳索使用的质量和效果。

绳结有各种不同的打法，各种打法有不同的用途，以下举例说明。

（一）基本结

基本结又称为单结、保护结。在绳头部位打基本结，可防止绳结解脱，如图 5-9 所示。

图 5-9　基本结

（二）固定绳结

1. 固定绳结的种类

固定绳结是将绳索一端直接固定在自然物体上的结绳方法。常采用下列八种绳结。

（1）"双 8 字"结，简单易学，拉紧后不易松开，不受力时，也不易松开，如图 5-10 所示。

图 5-10　"双 8 字"结

（2）布林结，可将绳索一端与自然物体固定在一起，有时也用于结组中的胸绳连接。易结易解，但绳结也易松动，如图 5-11 所示。

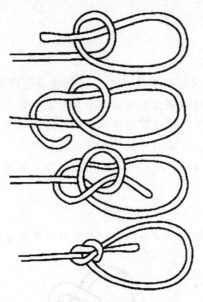

图 5-11 布林结

（3）蝴蝶结，又称中间结，结组时可用蝴蝶结直接套在中间队员的安全带上起保护作用，如图 5-12 所示。

图 5-12 蝴蝶结

（4）双套结，又称丁香结，用于特定的攀登技术，既可以用于固定，也可以用于攀登和下降，如图 5-13 所示。

图 5-13 双套结

（5）平结，又称连接结、本结、陀螺结，用于直径相同绳索之间的连接，如图 5-14 所示。

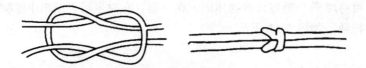

图 5-14 平结

（6）"8字结"，用于直径相同的绳索之间的连接，如图5-15所示。

图 5-15　"8 字"结

（7）渔人结，适用于结两条质地、粗细相同的绳索或扁带。

（8）水结，又称防脱结，为了防止解脱，在各种绳结结好之后，可在绳头部位再结一个防脱结，也可用这种结法将两条带子结在一起，如图5-16所示。

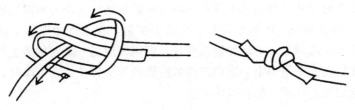

图 5-16　水结

2. 绳结的要求

（1）科学实用。

（2）牢固可靠。

（3）简单易结及易解。

3. 结绳的注意事项

（1）在通过绳结组合各种技术装置时，对绳索要进行认真检查，看是否完好无损，受损则不要使用。

（2）绳结打好后，仔细检查是否正确，不正确的要解开重新打结，千万不要马虎。

（3）对绳索的展收要有条理，不能乱拉乱放，如果造成交织混杂，会影响使用。

（4）在行进途中或在攀登岩石陡壁过程中，一定要注意绳索的磨损情况，如有磨损要及时加固或更换。否则不但影响操作，还会造成危险，甚至危及生命。

（5）行进或休息时，切忌踩踏绳索，脚下绑有冰爪时更要注意。

四、下降技术

下降技术是登山保护技术中的重要部分。登山者在进行登山活动时，当下降者在坡度45°以下的山坡、峭壁、雪坡上时，因危险小，一般不需要特殊的保护技术，可在冰镐的辅助下自行下降，当下降者在坡度45°以上时，通常采用以下方法进行下降。

（一）三点固定下降法

主要用于岩石作业下降技术的基本方法。这个方法是利用下降者的双手、双脚固定三个支点后，再移动第四个支点，同时一定要有上方固定保护。

（二）利用器械下降法

最常见的下降方法，一般有以下四种下降法。

1. 利用下降器下降

将主绳一端在峭壁顶部用牵引结固定，另一端抛至下方，下降者在腰部系好安全带，腹前挂好铁锁，然后将主绳按"8"字形缠绕于下降器上。再将下降器和铁锁连接在一起，左手握住主绳上端，右手在胯后紧紧握住从下降器穿绕出来的主绳，下降者面向岩壁，两腿分开约呈80°角。蹬住崖棱，身体后坐，使躯干与下肢约成100°角，将上方主绳搭于崖棱上，便可开始下降。为了尽快掌握下降动作，可增加抓结装置，即用辅助绳一端在主绳上（左手握端）打抓结，另一端固定于腹前安全吊带上，这两端间的距离约等于臂长。在下降时，左手下移的同时也将抓结捋下，起到保护作用，防止身体滑坠。

2. 单环结下降

在没有下降器的情况下，可用铁锁和单环结连接替代下降器，其动作要领与利用下降器相同。

3. 坐绳下降

首先要做准备动作，面向固定绳端，两腿夹住上方固定好的主绳，将身后主绳沿右腿外侧绕至前面，经腹、胸、左肩至背后，拉至右侧，用右手在胯后将其握住，虎口朝上。动作要领基本与用下降器下降相同。此方法适宜在只有主绳的情况下使用。初次登山者可用胸绳在上端（右手握绳处）打抓结更安全。

4. 缘绳下降

主要适用于坡度接近90°的山峰，方法比较简单，即将主绳在陡壁上方固定，剩下的扔至崖下，下降者在主绳上打好抓结，另一端与腰部安全带上的铁锁连接，沿主绳依次向下倒手，在倒手时一手先将抓结捋下，脚同时向下倒步，两腿稍分开，保持身体平衡。

五、穿越丛林技术

登山者穿越丛林时，应特别注意两点：一是方向，二是联系。尤其是在穿越不熟悉的山林时，一定要带上指南针，最好请熟悉该地区的人做向导，还应携带简易的无线电通信设备，加强通信联络工作。另外，不要把登山队伍拉得太长、太涣散，以免和指挥中心失去联系。个人在穿越丛林和通过高草时，最好穿长袖上衣和长裤，避免和减少草木的枝杈刺伤或划破皮肤以及防止蚊虫叮咬。在通过藤蔓竹草交织的丛林时，要使用砍刀开路行进。对于草深而密的茅草丛地，用刀开路时的方法是：不过头，两边分，从中走；不见天，砍个洞，往里钻。

六、渡河技术

（一）单人渡河技术

寻找结实的长棍，以肩部为支撑，长棍置于前方 2 米左右，身体前倾抵紧长棍，和双腿形成稳固的三角形，面向水流方向横渡过河，渡河时遵循"两点不动一点动"的原则，在另外两点稳固之后方可移动第三点。同时注意双腿和长棍形成的支点保持平衡，横渡线路始终保持与水流方向垂直以减小冲击力。

面朝上游，在你前方垂直抓住撑杆以便形成一个坚固的三角支撑。一步一步地移动，每一步只挪动一只脚，一定不要让一只脚离另一只脚太近。然后把撑杆挪回三角形的顶点，在继续移动之前确保脚安全站稳、撑杆放稳。

（二）双人渡河技术

双人渡河的技术有两种。

第一种：一个人按单人渡河时的位置站立，第二个人站在他后面，也面朝上游，牢固地抓住前面人的背包肩带，倾身给予支撑，像单人渡河时一样拖着脚缓慢横渡即可。

第二种：如果没有撑杆可用，就两个人面对面和水流呈直角站立，互相紧紧抓住对方的肩带，两脚保持分开，以保持一个稳定的四点支撑。确保两人都侧面朝着水流，这是很重要的，如果一个人转身面向水流了，另一个人的膝盖就会很容易被水流撞击得往前弯。

（三）三人渡河技术

最好的方法还是一个人站在另一个人的后面成一条线拖着脚缓慢横渡，最前面的人用撑杆支撑。三个人互相紧紧抓住肩带，两腿分开，拖着脚缓慢横渡，最下游的人协调整个队伍的行进并保持队形成一条线。

如果没有撑杆可用，也可以三个人挤在一起，最强壮的人在下游一边面朝水流方向，第二强壮的人站在背朝行进的方向，第三个人面向渡河的方向。这时候有两个人的膝盖容易被水流撞击是不可避免的，不过控制好移动步伐和互相取得支撑可以克服这一点。

（四）团队渡河技术

首先，队长撑着杆，其余人在后面站成一条长支撑线。不过，如果是四个人以上试图过河，协调每个人的移动就变得很难。队伍会不可避免地变得不直，给水流留出较大的冲击面，导致有人可能被撞倒。

更好的方法就是构造一个箭头形编队。最强壮的人在前面，可能的话再用撑杆加强支撑，两个人在他后面，然后是三个人，再后面是四个人，依此类推。在此比例中，较弱的队员要站在编队的中间位置，接受其他人的支撑。在渡河过程中要紧紧抓住前方队员的肩带，由前方队员控制队伍的行进。

（五）绳索渡河技术

如果水深超过腰部或仅及大腿但流速很快，必须采取其他保护性措施方可渡河，最常用的是绳索保护，步骤如下所述。

1. 设置保护点

寻找合适的渡河地点，将绳索两端固定于河岸两边的大树或者石头等牢固的保护点，起点的固定端靠近河的上游，终点在河流的下游方向。两名队员分别在两端控制绳索的松紧程度，时刻为渡河者提供保护。

2. 先锋队员过河

指派一名强壮的队员，用扁带和锁将队员套在绳索上，如果没有相应的安全器材，可以在绳索合适的部位打一个蝴蝶结或单结以形成大小适度的绳环，套在渡河队员的腰上，起到保护作用。渡河队员的渡河位置与下游的保护者平行或略微靠后，在绳索保护下以"单人渡河技术"渡河。

3. 在河的另一边设置保护点

先锋队员过河之后，寻找合适的地方设立保护点，同时控制绳索担当保护者的角色。所有队员在河流两侧保护者的保护下以"单人渡河技术"渡河。

4. 人与背包分别渡河

在危险的区域渡河时，最好采取人与背包分别渡河的方式，等大多数队员过河后将钩环从安全带上卸下，拉回原岸，用同样的方式将登山背包的背带扣在安全索上运过河岸。如果背包无防水功能，可以架设高一点的绳索，用溜索的方式运送背包。

5. 最后一人过河

和先锋队员过河的方法相同，由对岸的同伴提供协助和保护。

七、休息

休息是为了恢复体力，同时也可进行行装调整、喝水及进餐。为了确定攀登者所在的位置或辨认周围的地形，也可以做短暂的停留。在休息时，应注意以下三点。

（一）休息时间的掌握

开始行进 20～30 分钟后，为了调整行装、整理鞋袜、增减衣物等可以进行第一次休息。以后每行进 50～60 分钟休息一次，每次休息 5～10 分钟。休息时要使身体充分放松。

（二）短暂的休息

登山途中的短暂休息，是为了调整呼吸，解除疲乏，恢复体力。只需手挂登山杖、弯曲上身，将上身重量移到登山杖上，便可使肩部和腰部得到暂时的放松。但一定注意要将登山杖挂稳，不能打滑，否则便不安全。

（三）较长时间休息活动的安排

在行进途中有时要做较长时间的休息，以便较好地恢复体力和进餐。这时可先做体操运动，放松僵直的身体，再进行其他项目。为防止消化功能减退，进餐可分几次完成。在行进途中要注意补充一定的糖分。休息场所通常选择在景致好且安全的地方。垃圾要随时集中起来进行处理，防止污染环境。

第三节　不同季节的登山运动

一、春季登山运动

（一）春季登山的益处

1. 春季登山有利于调节情绪

春季，阳光中含有大量的红外线和紫外线，红外线除了能加快血液循环、升高皮肤温度、促进新陈代谢外，还能提高神经系统的兴奋度。紫外线能够帮助人体合成维生素 D，而维生素 D 是促进钙、磷吸收必不可少的维生素；此外，紫外线还是天然的杀菌射线，适当接受紫外线的照射，能够有效杀灭皮肤上的微生物。因此，在春季进行的登山活动能使人心情格外舒畅，精神更加振奋。

2. 春季登山对防止扭伤、拉伤大有益处

春季气温逐渐回升，人体全身毛细血管开放，代谢过程逐渐加强，肌肉、韧带和皮肤更富弹性，这对防止扭伤、拉伤大有益处。

3. 春季登山还可使人体获得更多的"空气维生素"

"空气维生素"指空气中富含的阴离子，阴离子是维持人体组织细胞功能正常的必要元素。冬季气候干燥，绿色植物少，空气中灰尘较多，阴离子较少；而春季风和日丽，绿色植物增多，空气中的阴离子倍增。在这样的环境里进行登山活动，有助于提高生理机能和健康水平。

（二）春季登山注意事项

1. 登山之前最好做一些适当的健身运动

如果攀登的山峰比较高或者平时较少参加登山运动，那么在登山之前做一些热身运动是很有必要的。如利用 10～20 分钟做一些肌肉伸展运动或者是慢跑、蹲跳等运动，尽量放松全身肌肉，这样在登山时会轻松许多。

2. 多做一些弹跳动作

对于一些不太高的山峰，登山者在攀登时，在每一步中都有意增添一些弹跳动作，不仅省力，还会使人显得精神，充满活力。

3. 别总往高处看

登山时不要总往高处看，尤其是登山之初，你的双腿还没有习惯攀登动作，往上看会使人产生一种疲惫感。一般来说，向上攀登时，目光保留在自己前方三五米处最好。如果山路比较陡峭，则可作"之"字形攀登，这样比较省力。

4. 转移注意力

登山时千万不要总是想着山有多高，爬上去还需要多少时间之类的事情。不慌不忙，走走停停才能体会到爬山的乐趣，不会错过美丽的风景。在疲惫时，可以多观赏一下周围的景色，也可唱唱歌，转移注意力，倦意就会有所消减。

5. 下山要放松

下山一定要控制住自己的脚步，切不可冲得太快，这样很容易受伤。同时，注意放松膝盖部位的肌肉，绷得太紧会对腿部关节产生较大的压力，使肌肉疲劳。

二、夏季登山运动

（一）夏季登山的益处

1. 夏季登山可以尽快地排出人体内的毒素

一般来说，人体每天都会分泌大量的代谢物质，各种毒素也随之产生。每个成年人全身有 200 万～500 万个汗毛孔，在夏季登山，人体的温度会随着运动的加剧而逐渐升高，当人体体温升高到一定程度时，这些汗毛孔便会自动打开，体内及体表的毒素污物便会通过汗液而排出，这就是为什么人体运动出汗后会感到神清气爽的原因。夏季本身气温较高，在这个季节登山，人体体温更容易升高，体内毒素更容易随汗液排出体外。

2. 夏季登山更容易减肥

肥胖是由于人体内堆积了大量的脂肪，在夏季进行登山，脂肪会大量燃烧转化成热量，这些热量会通过汗液排出体外，从而减少脂肪在人体内的堆积量，达到减肥的效果。

3. 夏季登山可以有效地控制高血压

高血压是一种由于血管内径变窄，单位血流量受到限制而出现的一种"血压高"现象。在夏季选择登山运动，人体可以在短时间内排出大量汗液，这是其他季节无法比拟的，因为夏季是一年中温度最高的季节，本身气温就高，再加上登山运动中人体活动量的加剧，人体排出的汗液就多，出汗可以扩张毛细血管，加速血液循环，增强血管壁弹性，达到降低血压的目的。

（二）夏季登山注意事项

1. 饮水问题

夏季气温高，在这个季节登山要格外注意饮水问题。夏季登山出汗多，必须及时补充水分，但如果饮水方式不对，会引发不良的后果。很多饮料广告中的模特，在运动中或休息时，往往拿起一瓶饮料一饮而尽，看起来很解渴，实际上，从运动生理学的角度上来说，这种做法是有害的。运动中和运动后大量饮水，会给血液循环系统、消化系统，特别是给心脏增加负担，造成疲劳加剧。大量饮水的结果只会是出汗更多，导致盐分进一步流失，引发痉挛、抽筋。

2. 热病（热衰竭、中暑）问题

在夏季进行登山活动时，身体内积累的热量比散发的多，如果不注意防范，就很容易患热病，尤其是热衰竭、中暑。

3. 热伤风问题

在夏季登山，人体内部产热快，皮肤的毛细血管大量扩张，以利于身体散热。如果遭到过冷刺激，会使体表已经开放的毛孔突然关闭，造成身体内脏器官功能紊乱，大脑体温调节失常，通常会导致"热伤风"，也就是夏季感冒，甚至会导致更严重的疾病。

4. 冷饮问题

夏季登山如果有冰镇饮料喝，是一件很享受的事，但在登山中或者是登山活动结束以后，不能马上大量喝冷饮。喝冷饮不但降低了胃的温度，还冲淡了胃液，使胃的生理机能受损，轻则引起消化不良、腹泻等，重则导致急性胃炎。

5. 衣服问题

登山过程中会大量出汗，衣服很快就湿透了，很多人到达目的地以后，任凭衣服湿着，企图靠自己的体温把衣服烤干，这样是极其有害的，长此以往，会引发风湿或关节炎等疾病。

三、秋季登山运动

（一）秋季登山的益处

秋天是丰收的季节，山间景色宜人、空气新鲜，能促进和调节人体的生理功能，对患有慢性病的人很有好处。

（二）秋季登山注意事项

（1）登山前，中老年人和慢性病患者要做全面的身体检查，以防发生意外。

（2）对山上的气候特点应有所了解，在登山前得到可靠的天气预报，带好衣物，早晚御寒，防止感冒。

（3）忌天未亮时登山。秋季清晨气温低，室内外温差很大，受到冷空气的刺激，容易诱发心脏病或高血压，老年人一定要注意，最好早饭后天亮时再爬山。

（4）事先了解好登山旅游路线，计划好休息和进餐地点，最好有熟人带路，防止盲目地在山中乱闯。

（5）登山时要注意力集中，不能光顾着看景而不顾脚下，尤其是老年人和体弱者更要注意这一点，每走半小时最好休息十分钟，避免过度疲劳。

（6）休息时不要坐在潮湿的地上和风口处，出汗时可稍松衣领，不要脱衣摘帽，以防伤风受寒。登山时，人体会大量出汗，秋天气候干燥，补水尤为重要。

（7）尽量少带行李，轻装前进。对于老年人来说，应带手杖，既省体力，又有利于安全。在陡坡行走时，最好走"之"字形路线，减低坡度。下山不要走得太快，更不能奔跑，使膝盖和腿部肌肉承受过重的张力，导致膝关节受伤或肌肉拉伤。

四、冬季登山运动

（一）冬季登山的益处

1. 冬季登山可增强抗寒能力

选择在冬季登山的人的抗寒能力会比一般人强。冬季登山能提高大脑皮层的兴奋度，促使其对体内各器官、各系统加紧进行协调，增强中枢神经系统调节体温的功能，使体内产热和散热达到平衡，让身体适应寒冷天气。

2. 冬季登山可消除疲劳

冬季进行登山运动可以加快血液循环、增加大脑氧气的供应量、增强血管的弹性，还能消除大脑因长期工作带来的疲劳感、增强记忆力、提高学习和工作效率。

3. 冬季登山可增强人体抵抗力

冬季登山可以加快机体的新陈代谢，机体受寒冷刺激，会使血液中抵抗疾病的抗体增多，身体对疾病的抵抗力也会随之增强，因而冬季坚持登山运动的人患感冒、支气管炎和肺炎等疾病的概率也大大减小。

4. 冬季登山可预防骨质疏松

冬季登山可以充分享受阳光。日光中的紫外线被人体吸收后能将血液中的胆固醇转化为维生素 D，促进身体对钙的吸收，而钙有预防骨质疏松的作用。

（二）冬季登山注意事项

1. 时间选择

（1）要选择短程登山路线。冬季日短，登山之前一定要确认日落时间，一定要保证下午 4 点以前下山。

（2）选择当日登山路线时，以日出后出发为标准，选择往返 6～8 小时的路程比较合适，为了预防紧急情况发生，一定要准备头灯。

（3）冬季气候变化无常，如果感觉天气有异常，一定要迅速下山，尽量避免单独下山，最好与登山经验丰富的高手同行。

2. 冬季登山"两不要"

（1）不要单独进行登山运动。有一些朋友喜欢单独登山，觉得自己的水平没有问题，其实这和水平高低没有关系，结伴登山不仅可以增加我们登山时的乐趣，更重要的是可使每个人的安全更有保障。冬季，一个人登山，发生事故后，身体极易失温，容易造成更严重的后果。

（2）不要抓树藤。很多人在登山的时候习惯逮到什么就抓什么，在冬季登山的时候千万不要这么做。冬天树木、树干失去大部分水分，变得干脆没有韧性，很容易折断。不要轻易地去抓树干或树藤，更不要把身体的重量都放在上面。

第六章　山地自行车

第一节　山地自行车概述

一、山地自行车的定义

山地自行车，英文名叫"mountain bike"，缩写为 MTB，起源于美国，是美国青年为了寻求刺激，在摩托车比赛的越野场地上驾驶自行车进行花样比赛而派生发展起来的车型。

二、山地自行车比赛种类

（一）越野赛

自行车比赛项目之一，山地车赛的一种。分绕圈、超长、短程和耐力四种。绕圈赛赛程至少 6 千米/圈，持续时间随分类的不同而不同。超长赛赛程至少 30 千米，有明显的海拔高度变化，集体或单个（计时赛）出发，通常比赛起终点非同一地点，但大圈的环形路可相同。短程赛路线每周最多 6 千米，起终点设同一地点，在保证安全的前提下，可设置自然或人为的障碍物，比赛路线上同时骑行的运动员最多 80 人。耐力赛是一项测验运动员操车技术、机械故障处理、按图骑行和速度耐力能力的长距离综合性项目，时间可持续 2 天或以上，设有多个检查点和不同路线。

（二）速降赛

速降赛简称"DH"，自行车比赛项目之一，山地车赛的一种。较少蹬车，将快、慢技术组合，以技巧性为主。比赛路线必须有 3% 为铺设的路面（如沥青、水泥等）。全都是下坡骑行路段，由单人道、跳跃、慢地段、田野、森林道和砾石道混合组成。采用个人计时赛的方式，以成绩优劣排列名次。

（三）分段赛

自行车比赛项目之一，山地车赛的一种。用 2 天或更多的时间进行一系列项目的比赛，以总成绩时间或总得分来判断比赛名次。顶级比赛举行时间最少 5 天，最多 8 天。次级比赛举行时间最少 2 天，最多 4 天。

（四）爬坡赛

自行车比赛项目之一，山地车赛的一种。赛程通常 30 分钟左右，视上坡的地形而定。比赛路线至少应包括 80％ 的上坡骑行路段。集体或单个出发。起点设在一个指定位置，终点设在另一个海拔更高的地方。

（五）双人绕杆赛

自行车比赛项目之一，山地车赛的一种。两名运动员并排下坡，骑行于设有固定、柔韧的标杆的赛道上。先通过终点标杆的运动员为获胜者。以淘汰赛决定总的获胜者。

三、山地自行车运动的特点

（一）山地自行车竞技项目特点

山地自行车运动集力量、速度、耐力、技术、全程节奏于一体，是人、车结合的复杂的半机械运动项目，对运动员的综合能力要求极高。项目要求运动员不但要有极强的耐力基础，保证持续 1 小时 45 分钟到 2 小时的长时间高速运动的能力，完成平道的速度发挥和单圈的极限速度冲刺的超越对手的能力，还要具备上肢、躯干、下肢以及全身关节的灵活性和强大的肌肉力量来保证高速上下坡操车的稳定技术以及和对手的竞技战术较量的能力。长时间、高强度、人车结合半机械做功和通过踏蹬节奏、呼吸节奏、操车技术、快频率传动的合理应用把人体的踏蹬能力转变为机械做功。省力、省消耗，形成动力节能化以达到极限速度，争取最优异的比赛成绩，是每个教练员和运动员竭尽全力所追求的目标。

（二）山地自行车运动供能特点

1. 有氧系统

有氧供能主要是利用糖原的有氧分解供能，通过有氧系统产生机体活动所需的能量，是保证运动员完成训练和比赛，获得优异成绩的重要条件。

有氧系统的训练一般有两个内容：一是有氧能力训练，二是最大摄氧量训练。有氧能力训练是有氧系统训练的主要内容。它是通过长期的低强度刺激，使机体对训练负荷产生适应性改变，来提高运动员能力。这些适应性改变主要包括以下七个方面。

（1）呼吸功能增强。

（2）心脏功能增强。

（3）体温调节系统增强。

（4）神经肌肉系统功能增强。

（5）脂肪代谢能力增强。

（6）肌组织中线粒体数目增加。

（7）肌肉和肝脏内糖原储备增加。

最大摄氧量训练主要在模拟比赛的训练中完成。这个训练的目的在于提高机体利用氧的能力，使运动员更加适应长时间的比赛。这个阶段的训练时间一般不超过运动员应该完成距离的15%～20%。

2. 无氧系统

无氧供能是指当机体所需要的氧不能完全由机体供给的情况下，由糖原酵解供能的一种方式。在全力冲刺的情况下，它可以提供1～10分钟的能量支持。无氧供能时产生乳酸，训练强度越大，乳酸在肌肉和血液中堆积得越快。

无氧训练的主要目的是提高机体耐受和缓冲乳酸的能力。一般将乳酸开始快速堆积的点称为乳酸阈或是无氧阈。无氧阈值越接近最大摄氧量值，骑行速度也就越快。单纯拥有较高的最大摄氧量值并不能保证运动员能有很快的骑行速度，只有长时间维持最大摄氧量的能力，才是决定运动员骑行速度更快的先决条件。

无氧能力训练有两种方法：第一种方法是在短时间内做高强度训练，产生大量的乳酸；第二种方法是强度降低并持续一定时间，这样可以提高长时间耐受乳酸的能力。

3. ATP－CP 系统

ATP（三磷酸腺苷）和 CP（磷酸肌酸）是所有组织细胞的最终能量物质。这两种物质储存在肌细胞中，能够被肌细胞快速利用。ATP 在骨骼肌中数量有限，在做最大强度训练时，它只能维持 20～30 秒的供能。在山地自行车运动中，这种供能系统在爬短的陡坡或是冲刺时起到非常重要的作用。训练中可以采用短时全力冲刺（10～15 秒）并结合一定时间的完全恢复进行。训练时一定要注意不能刺激无氧系统的起动，避免产生过多的乳酸。训练的目的是通过将肌肉组织内的 ATP 和 CP 消耗掉，然后超量恢复，增加肌细胞内 ATP 和 CP 的含量。

四、山地自行车运动的锻炼价值

山地自行车运动属于耐力运动。很多研究表明，长期的耐力运动可使运动者的安静心率降低（窦性心动过缓），提高其心率储备，从而使心脏在运动过程中的耗氧量降低而工作效率提高。山地自行车运动一般运动时间较长，耗能较多，需氧量也较大，对呼吸功能及氧运输系统的要求较高，因而山地自行车运动常被形容为"腿和肺的运动"。需要长时间骑自行车时，要根据个人实际情况调整好车座高度，相关研究证明，适度的车座高度可以使踝关节代偿膝关节机械地用力，有效地减少膝关节前交叉韧带和髌骨软骨的损伤。

山地自行车运动能防治高血压，有时比药物更有效，还能防止血管硬化。山地自行车运动可以使运动者不必用药物来维持健康，而且毫无害处。它与跑步、步行、游泳一样，具有对内脏器官的耐力锻炼效果。

山地自行车运动过程中左右腿的交替蹬骑动作可以使左右大脑均衡协调发展，而且通过骑行过程中的速度控制、选挡、转弯、越过障碍物等还能使身体的平衡能力增加。

耐力运动对脂肪的燃烧以及体重的控制起着至关重要的作用。这种长期而且很放松的运动，不仅能加速脂肪的代谢，还能提高耐力。虽然这种运动所消耗的热量比高强度运动消耗的热量要少，但在脂肪燃烧中起决定作用的肌肉酶只有在松弛的运动中才会很活跃。

运动是改善身心健康的有效手段。强健的体格能够在一定程度上缓解情绪波动、精神恐慌等问题。许多人都说在经过跑步、游泳、山地自行车等有节奏的耐力锻炼后，心情会变得愉快，很多的心理研究也得出了同样的结果。运动是改善心情的好方法，因为运动能增加摄入体内的能量，减缓紧张。

在山地自行车这种亲近大自然的运动过程中，可以通过享受美丽的自然风光和身体运动来缓解身心的紧张和疲劳。但并不是每一个人都适合山地自行车。不适宜骑车的人群最好不要选择此项运动。例如，患有癫痫且经常复发者在骑车时突然发病必定会造成很严重的后果；冠心病患者也应避免心脏过度负担，如果运动过猛，会加重心肌的供血不足，自行车运动主要是靠下肢进行的运动，患有闭塞性脉管炎的患者不宜骑车，另外，听障人士和语障人士不适宜骑车。在选择场地时应该选择车辆较少的地带。骑车时最好佩戴头盔。

第二节　山地自行车的结构部件与保养

一、山地自行车的结构部件

（一）车架

车架是构成自行车的基本结构体，也是自行车的骨架和主体，其他部件也都是直接或间接安装在车架上的。

车架的结构形式有很多，但总体可以分为两大类：男式车架和女式车架。

车架一般由普通碳素铜管经过焊接、组合而成。为了减轻管的重量，提高管的强度，较高档的自行车采用低合金钢管制造；为了减少快速行驶的阻力，有的自行车采用流线型的钢管。

由于自行车是依靠人体自身的驱动力和骑车技能行驶的，车架便成为承受自行车在行驶中所产生的冲击载荷以及舒适、安全地运载人体的重要结构体，车架制造精度的优劣将直接影响乘骑是否安全、平稳和轻快。一般辐条是等径的；为了减轻重力，也有制成两端大、中间小的变径辐条；还有为了减少空气阻力将辐条制成扁流线型。

（二）外胎

外胎分软边胎和硬边胎两种。软边胎断面较宽，能全部裹住内胎，着地面积比较大，适宜多种道路行驶；硬边胎自重轻，着地面积小，适宜在平坦的道路上行驶，具有阻力小、行驶轻快等优点。

外胎上的花纹是为了增加与地面的摩擦力。山地自行车的外胎宽度特别宽，花纹较深，适宜越野山地用。

（三）脚蹬部件

脚蹬部件装配在中轴部件的左右曲柄上，是一个将平动力转化为转动力的装置。自行车骑行时，脚踏力首先传递给脚蹬部件，然后由脚蹬轴转动曲柄、中轴、链条飞轮，使后轮转动，从而使自行车前进。因而脚蹬部件的结构和规格是否合适将直接影响骑车人的放脚位置是否合适、自行车的驱动能否顺利进行。

脚踏可分为整体式脚踏和组合式脚踏。无论什么款式的脚踏都必须有脚踏面，必须安全可靠，具有一定的防滑性能。

（四）前叉部件

前叉部件在自行车结构中处于前方部位，它的上端与车把部件相连，车架部件与前管配合，下端与前轴部件配合，组成自行车的导向系统。

转动车把和前叉可以使前轮改变方向，起到自行车的导向和控制自行车行驶的作用。

前叉部件的受力情况属悬臂梁性质，必须具有足够的强度。

（五）链条

链条又称车链、滚子链，安装在连轮和飞轮上。其作用是将脚踏力由曲柄、链轮传递到飞轮和后轮上，带动自行车前进。

（六）飞轮

飞轮以内螺纹旋拧固定在后轴的右端，与链轮保持在同一平面，并通过链条与链轮相连接，构成自行车的驱动系统。从结构上可分为单级飞轮和多级飞轮两大类。

1. 单级飞轮

单级飞轮又称为单链轮片飞轮，主要由外套、平挡和芯子、千斤、千斤簧、垫圈、丝挡、钢球等零件组成。

单级飞轮工作原理：当向前踏动脚踏时，链条带动飞轮向前转动，这时飞轮内齿和千斤相含，飞轮的转动力通过千斤传到芯子，芯子带动后轴和后轮转动，自行车就前进了。当停止踏动脚踏板时，链条和外套都不旋转，但后轮在惯性作用下仍然带动芯子和千斤向前转动，这时飞轮内齿产生相对滑动，将芯子压缩到芯子的槽口内，千斤压缩千斤簧。当千斤齿顶滑到飞轮内齿顶端时，千斤簧被压缩得最多，再稍微向前滑一点，千斤被千斤簧弹到齿根上，发出"嗒嗒"的声响。芯子转动加快，千斤也加速在各个飞轮内齿上滑动，发出"嗒嗒"的声音。当反向踏动脚踏时，外套反向转动，会加速千斤的滑动，使"嗒嗒"声响得更急促。

2. 多级飞轮

多级飞轮是自行车变速装置中的一个重要部件。多级飞轮是在单级飞轮的基础上增加了几片飞轮片并使其与中轴上的链轮结合，这样便可组成各种不同的传递比，改变自行车的速度。

二、山地自行车的保养

（一）车架清洁保养

清洗车架可以用抹布蘸水淋到部件上，这样粘在车架底下的泥块遇到水后很容易变软，这时候只要再用抹布擦拭就可以轻易地去除泥污。不应用高压水枪等去冲洗单车上的污泥，如果这样清洗，水易进入中轴或者花鼓里就会影响零件寿命。需要注意一些车架上容易积泥的地方，比如中轴上五通的位置。在用清水洗掉车架上的泥水后，接下来在抹布上倒少许洗洁精，用手简单揉搓后就可以在车架上擦洗，在车架上有脏物的位置，只要轻轻地来回擦几次，车架就会干净起来。不推荐使用洗衣粉等强效去污剂，许多单车都是铝制材料，洗衣粉中含有的碱会和铝发生化学反应，从而导致单车铝的部分出现些颜色怪异的斑纹，因而柔性去污剂——洗洁精绝对是一个更好的选择。

（二）轮组、车头和坐管的保养

在洗轮组的时候，可以选择用鞋刷子蘸洗洁精刷外胎上的泥沙；而在洗车圈的时候，最好换成蘸有洗洁精的抹布，仔细抹车圈上刹车皮刹过的地方。简单的擦洗辐条就可以。在洗完花鼓后，不要用高压水枪等去除洗洁精。只需淋过水后用干净的抹布擦抹就可以了。洗坐管和坐包的时候，不要让泥水顺着坐管夹的缝流进坐管里。坐包底下，往往是泥水飞上来最多的地方，要用抹布把泥抹掉。可以用稍微硬一些的刷子刷去轮胎上的沙石和灰尘，进行简单的保养。

（三）指拨、前拨、后拨的保养

洗完以上的配件后就是洗指拨了，指拨里面比较复杂，它起着润滑的作用，清洁时最好用抹布轻轻擦干净。洗前拨、后拨的时候，可以用水管直接对准前后拨的空隙地方冲洗，把卡在前后拨里的泥水和沙子冲洗掉后，可用洗洁精把上面的油污洗掉。

（四）前叉、脚踏、刹车的保养

前叉和脚踏的清洗很简单，只要把脚踏上的泥水洗掉就可以了。最好不用水冲洗前叉，在擦洗叉子内管的时候，要把抹布上的水拧干后再去擦。前叉内管使用一段时间后会有些杂质留在上面，可以用棉签轻轻擦掉，最好能够养成保持前叉清洁的习惯，这是对前叉最基本的保养。在洗刹车的时候（以V刹为准）可以用水管直接冲洗在刹车里面留有的泥沙，为接下来的保养做好准备。对于轮盘、前后变速器、导轮等，都可以用刷子去除灰尘和小的污垢。

（五）牙盘、飞轮和链条

在整个大扫除的过程中，这三个配件可能是最脏的部位了。配件上留有润滑油，灰尘最容易黏附。我们可以先在抹布上倒上洗洁精，冲了水后再清洗牙盘。在洗牙盘的时候，尽量用抹布把每一个牙洗干净，洗完后用水一冲，牙盘就会光亮如新。接下来要洗的是飞轮。要把后轮拆下来清洗。首先放松后刹车，使刹车不夹着轮子。先把后轮两边的螺钉扭松，再轻轻拍一下后轮，轮子就能出来了。把轮子放在地上，用抹布在飞轮上仔细擦抹后，把轮子装回车子上时要注意后拨的位置，慢慢拉开后拨就可以把轮子放进去。这个过程很简单，经过一两次拆装后即可熟悉。

最后，链条清洗的方法：第一种是使用煤油洗链条，用蘸有煤油的抹布包住链条来回拖动。弊端是会让自己身上留下异味，沾上油垢和油渍。第二种方法是用洗洁精。在洗链条的时候，最好使用 45℃左右的热水，这个温度更容易发挥洗洁精的清洁作用。除了需要用有洗洁精的抹布来回擦拭链条外，最好再用粗一点的毛刷子慢慢地把每一节链条刷一次，黑色的链条就会呈现出原有的色泽。

第三节　山地自行车的骑行技术与训练方法

一、山地自行车的骑行技术

（一）基本姿势

1. 骑行姿势

正确的骑行姿势不会使运动员感到紧张或不便，还能更好地蹬踏和更轻松地操纵车子，以延缓疲劳的产生。骑行姿势较低和车把窄于两肩，可以减少空气的阻力；腰部屈曲可以使运动员更好地坐在车座上，不致把大部分体重移到车把上，从而更加轻松地骑行；头部稍微倾斜，保持胸廓不受挤压，可以正常的呼吸；头部稍微前伸，颈部肌肉的疲劳程度就可以减少；两臂肘关节稍微弯曲，便于更好地支撑，有利于腰部弯曲，并使冲击力不易传到整个身体上。

（1）几种不同的骑行姿势

山地自行车虽有各种各样的骑行姿势，但在原则上只有两种不同的骑行姿势。

①双脚在臀部下方踏蹬，使车座的前端（金属物的前端）位于中轴的上方，或偏后于中轴垂线不超过 2 厘米，又称"中心式"姿势。

②双脚在臀部前方踏蹬，使车座偏后于垂线超过 2 厘米。经验告诉我们，最正确的骑行姿势取决于运动员身体的高矮和他的比赛专项。

双脚在臀部前方的骑行姿势具有很多优点。运动员在骑行时以两块坐骨支在车座上，身体的姿势就自然得多，也为踏蹬动作创造了比较有利的条件，使大腿和小腿的肌肉获得更好的活动效果。运动员在这种姿势下，还可以减少肩部的过度紧张，更好地放松上体的肌肉，更容易保持行驶的直线性，驾驶得更加轻便。另外，双脚在臀部前方时，运动员能较好地运用力量，在传动比增大的情况下，在逆风行驶、爬越小坡和中等坡道时，在不适应采用"离座立式"的骑行方法但又必须保持速度等情况时，采用这种姿势，再运用双手拉紧车把的力量，就能够得到良好的效果。

（2）骑行姿势的确定

要想在车上骑得好，需训练。从低速开始，然后逐渐地增加速度。应始终保持正确的骑行姿势，绝不可压紧车把或将身体使劲压在上面。这些动作将使驾驶困难，且不由自主地迫使多余的肌肉参与工作，引起整个身体过度紧张，上体紧张会使双脚的动作困难。在训练中，要注意在终点仍要保持正确的姿势。为减少全身的紧张程度，使踏蹬动作轻松而迅速，应该避免站立和移动身体、转头时转动肩膀、上体和头部过度前屈、晃动。头部姿势不正确，特别当头晃动时，会增加运动员辨别方向的难度，骑行的直线性和准确性也都受到影响。在终点高速行驶时，头部变斜对成绩会有影响。

确定了令人满意的骑行姿势并经过训练后，不要轻易改变，否则会影响成绩。运动员应该把这种骑行姿势保持到下一个赛季。在赛季终了或接近终了时，如对骑行姿势的正确性并未产生怀疑，应在车的各个部分做出记号，并加以测量。在下一个赛季开始时，按上一赛季做的标记来确定骑行姿势，并检查一下影响上体、臂部和双脚姿势的各个装备：高度、车座皮面的松紧和车把的位置等。

2. 等待姿势

在山地自行车行进过程中，常常需要停下来等待。常用的等待姿势有以下三种。

（1）两脚平行站立骑跨在车子上，两腿夹住车子等待。

（2）骑跨在车子上，一脚站立，另一条腿的大腿骑坐在上管上等待。

（3）山野间骑行时，利用身边的物体（例如扶住身旁的树木或利用一脚站立在石阶上）等待。

3. 起步姿势

一般来说，在平地上起步时，脚蹬的位置越高越好。脚蹬越高，车子前行的距离就会越远，车体更容易稳定。起动后，迅速把重心移向脚蹬，同时边踏脚蹬边把臀部放在车座上，目视前方骑行。

下坡起步时，车体稍横对斜面，在转把手的同时快速把双脚放在脚蹬上；上坡起步时，先调节齿轮比，再横向起步，然后根据坡度调整齿轮比，顺势骑行。

4. 停车姿势

（1）停车的基本方法

起动前后刹车，车就会减速或停止前进。要安全地停车，需确保停车后脚再离开脚蹬，然后臀部离开车座，最后脚着地成合适的等待姿势。

（2）上坡时停车

如果坡度不是太大，可以按照停车的基本方法停车；如果坡度较大，为防止前轮抬起，身体可以前倾在握把上着地。停车时，同时采用前后刹车。

（3）下坡时停车

可以把臀部移到车座后方着地，以防后轮抬起，发生向前摔倒的现象。

（二）踏蹬技术

踏蹬动作是整个自行车运动技术中最复杂而困难的动作。应该指出，许多经验极其丰富的运动员都还没有掌握完善的踏蹬技术，他们往往用增大传动比、多用力气等方法来弥补踏蹬技术的不足。经验证明，只有掌握了正确踏蹬技术的运动员才能比较容易地达到很高的速度。

踏蹬动作主要包括脚蹬旋转技术和两脚同时用力踏提脚蹬技术。其中，脚蹬旋转技术又可以分为冲击式的脚蹬旋转技术和回转式的脚蹬旋转技术。

1. 脚蹬旋转技术

（1）冲击式的脚蹬旋转技术

当脚蹬离开最高点时，脚即做短暂的向下踏蹬的冲击动作，另一只脚也做这样的动作。这种踏蹬动作在整个循环中包括两次短的冲击。因此，自行车不能平稳地行驶而是带有跃进的性质，速度也因冲力的大小而改变，在行驶中，时快时慢。采用大转动比和长脚蹬连杆的运动员大多采用冲击式的脚蹬旋转技术。这种方式踏蹬非常费力，运动员很快就会疲劳，肌肉无力，速度减慢。

（2）回转式的脚蹬旋转技术

当双脚做回转运动时，运动的速度应该接近于等速。踏脚蹬的动作要很柔和，从水平点开始稍稍加大踏蹬的力量。从前面看去，双脚的工作与机车连杆的工作很相像。回转式的脚蹬旋转技术与冲击式的脚蹬旋转技术不同，回转式的脚蹬旋转技术动作比较协调，仅需使用最小的力量就可以了。为了更有效地运用这种技术，运动员必须紧紧地坐在车座上，身体不可左右摇晃，也不可上下移动。速度是依靠脚向下踏脚蹬取得的，如果另一只脚在向上提起时不给予相应的协助，那么也不能保持已取得的速度，当脚刚一通过最低点，就需要自然地抬起，但不可使用过大的力量，如果不注意这一点，那么即使是最有耐力的运动员也不能很好地掌握这种骑行技术。归根结底，问题不在于用力踏蹬，而在于踏蹬以后脚抬起的技巧和腓肠肌的放松。许多运动员往往不能做到使两脚互相协调，而且上提的脚还因本身的重量抵消了一部分下踏的力量。犯这种错误的不单是新手，有经验的运动员也不例外。

2. 两脚同时用力踏提脚蹬技术

在骑行中，有时在短时间内需要猛然用力加强踏蹬动作，如猛冲、终点冲刺、计时赛原地出发时的疾驰、上坡时的"离座立式"骑行等。在自行车上，两个脚蹬杆相对处在一条直线上。因此，当一个脚蹬杆旋转一周（360°）时，它只从最高点经过水平点到最低点做半个圆周的功。为了在下半个圆周利用同一脚的力量来加速脚蹬的旋转，大多数运动员都采用双脚同时用力踏提脚蹬的方法。当被捆脚皮条和脚卡子固定在脚蹬上的脚掌从最低点到最高点时，用力向上提脚蹬，使这一行程也能做功。因此，使脚蹬旋转的力量有两个，即脚掌自最高点经水平点到最低点的行程中向下使用压力和另一脚掌自最低点经水平点到最高点的行程中将脚蹬向上提的力。上述方法不可使用太久，因为在这种情况下有很大一部分肌肉处于非常紧张的状态，会使运动员很快产生疲劳，工作能力迅速降低。

（三）刹车技术

刹车提供了非常好的制动力，车手只需要一两个手指就能操作刹车装置，锁住车轮，其他手指握住车把，控制自行车。

一般来讲，前闸的刹车效果比后闸好。但是，根据地形和车闸刹车效果的不同，应该谨慎使用前闸。在短而急的斜坡上向下骑行，或者在土质疏松的地面上转弯时，除非骑车的技术非常娴熟，否则尽量不要使用前闸。

长距离的下坡途中，不能按住车闸不放，那样很容易使车圈和闸皮升温，从而影响刹车效果。在到达斜坡底端之前，车闸要时紧时松，保证闸皮充分发挥其刹车，并且有助于车手控制好自行车。

使用前刹的时候，身体重心会因为惯性而自然前移，必须练习当开始刹车时，有意识地将重心向后移动（身体放低，屁股往后移）。重心往后移得越多，就可以使用更多的刹车力量。

在下坡的急转弯，需要使用到刹车时，尽量使用后刹车的力量。如在平地上，在最后一刻刹车时将重心往后降低，以前面30%和后面70%的刹车力量来做刹车的动作，不能过度地压下前刹。

在险峻下坡的转弯中使用前刹，必须同时控制前后刹车，不可过度地用力一直按着，可将刹车一放一按，以防止刹车锁死。

（四）跳跃技术

跳跃技术是山地自行车的主要技术之一，也是上下阶梯、在狭窄的路况转变方向以及越过障碍物的常用技术。因此，跳跃技术是衡量一名车手基本技术是否全面、扎实的重要指标。

山地自行车的跳跃技术主要包括向前跳跃、向后跳跃、前后同时跳跃、以跳跃姿势向前飞、以跳跃姿势向后飞、以跳跃姿势横向飞以及提升前轮跳跃等。

跳跃技术的基本动作是移动身体重心，利用轮胎的弹性跳跃，前轮由把手决定方向，后轮由脚蹬决定方向。

1. 越过石头和圆木

遇到比较大的石头、圆木时，最好避开，从旁边绕过去。如果要从上面跳跃过去，那么要看石头、圆木的后面是否有足够的空间，以保证车子落地时的安全。

越过石块、圆木的方法是：在前轮要碰到圆木和石头时，将前轮提至能够爬上圆木和石头边缘的高度；当前轮安全落在圆木或石头上时，身体重心尽量前移、下沉，刹住前轮，身体与车子一起向上跳起，拉起车子向前推，使车子平稳越过圆木或石头；然后重心后移，恢复正常的骑车姿势。

2. 穿越沟壑

穿越沟壑时，要尽可能使车子保持水平状态。小沟可以跳过去；如果沟的宽窄合适，则可以从沟底骑过去；如果沟比较宽，那么当前轮碰到沟沿时，先把身体重心后移，使之离开前轮，然后推动前轮下到沟内，等到达对面的斜坡后，再提起前轮从沟中冲出去。

3. 齐足跳

齐足跳就是借助跳跃，车手能够成功地跨越障碍物，而不必打断行程或放慢速度。齐足跳比较容易掌握，关键是平时要多加训练。开始时，可选择跳跃比较小的障碍物；熟练后，再选择跳跃比较大的障碍物。齐足跳的方法是：首先瞄准前面的障碍物，保持比较合适的车速前进；在碰到障碍物之前，上体伸直，四肢微微弯曲，形成下蹲姿势；当前轮将要碰到障碍物时，向下按压车子前部，然后双脚同时向下用力，手臂用力上拉，身体向上并把车把抬起来；在前轮离开障碍物后，扭动车把，双脚向后，向上猛拉（带脚踏套的脚蹬在这种情况下能够派上用场），后轮离开地面，沿着前轮的轨迹向前滑动；最后将身体重心前移和后移。重心前移有助于前轮着地，后移则有助于前轮抬起，这样做可以先让后轮着地，再让前轮着地。

（五）上坡骑行技术

山地自行车骑行爬坡有助于车手成功地应付各种各样的山道。驱动自行车向前、向上运动和上坡取决于两个关键性因素：一是动力传动系统的运转与力量的大小；二是车轮与地面之间的摩擦力。动力传动系统的运转与力量的大小同车手身体的强健程度和力量的大小直接相关；摩擦力与骑车技巧、自行车轮胎的类型、车手身体的重心位置以及轮胎的压力有关。

1. 体重的分布

在爬比较陡、比较难爬的斜坡时，车手有时会把身体的重心移到车座的后部，增加后轮上的压力，从而增大摩擦力。这样做，前轮很容易翘起来，致使自行车驾驭起来比较困难，而且还有可能向后翻倒。如果重心前移，前轮不会离开地面，但后轮又有可能在土质比较松软的地面上原地空转，结果寸步难行。在这种情况下，骑车的技巧就尤为重要，车手应该根据地形随时调整身体重心的位置。为了使身体重量达到最佳分布，骑手的屁股自始至终可能只是轻轻地坐在车座前端。

2. 加强蹬踏力的效果

踏蹬的力量和方式都是为了能够驱动自行车向前运动，车手必须连续平稳地向动力系统传送能量。如果用力太大，那么有可能会减小摩擦力，在原地空转；用力太小，则又有可能减慢车速，或者致使自行车停下来。应选用合适的传动比，把握好平稳地蹬踏板做环行运动。为防止车轮因为与地面之间的摩擦力减小而打滑，从而蹬伸有力，不断向上前进，快速登顶，骑手的技术、能力和本体应有机结合，发挥最佳效应。

3. 上坡阶段的重新起动

有些新手身体不够强壮，还不能应付某些种类的斜坡，可能会被迫停下来。一旦自行车在斜坡上停了下来，重新起步并非一件易事。车手必须下车，向前走几步，或者向后退几步，选择合适的地点出发。所选择的地方必须地势平坦、摩擦力大，比如一块比较平整的岩石。同时，应选择传动速比不是太大的齿轮，只要能够应付当前的情况就行。如果传动速比太大，那么自行车有可能抛锚。选择好合适的齿轮以后，利用力量最大的那条腿蹬动自行车，同时按住车刹，等自行车开始向前运动后，把另一只脚也放在踏板上，然后平稳用力，重新起动，加速前行。

（六）下坡骑行技术

要达到理想效果，运动员应勇敢机智，胆大心细，精力集中，两眼密切注视前方路面，随时准备处理路面上出现的任何情况，不仅要充分利用车子的惯性滑行，而且要敢于主动蹬踏，加大速度。

转弯时，运动员身体和车子要尽量保持一致，向里倾斜，上体和车子保持一条直线，以克服离心力。倾斜角度根据速度和弯道大小而定，但一般不得超过 28°，否则就有滑倒的危险。

转弯前要控制好车速。用点闸的方法逐渐减速，刹车时，尽可能同时使用前后闸，前闸可稍稍提前使用。使用前闸时，前轮的方向和车子前进的方向应一致，否则，运动员会因自身的体重和车子惯性受到限制而导致摔跤。进入弯道后将闸放开，以防造成不必要的减速。弯道上使用后闸不要过猛，否则车子可能会掉头或滑倒。

（七）原地起跑技术

起跑技术在各项比赛中都很重要，尤其是在短距离项目里更是起着决定胜负的作用。

山地自行车的起跑技术分为扶车起跑与不扶车起跑两种。在赛车场比赛中多采用扶车起跑，而在公路成组出发的比赛中则多采用不扶车起跑。

1. 扶车起跑

在比赛之前，运动员骑在车上，由裁判员扶住车座后下方，或一手扶前叉三通，一手扶车座后下方，维持平衡。运动员在起跑前应先拉紧脚蹬皮条，然后扶好车把，做 1～2 次深呼吸，腰部放松，坐稳，两个脚蹬保持与地面平行，或是踏蹬的第一脚的脚蹬稍高一些。当听到裁判员"预备"口令时，臀部及时、平稳地离开座位，准备起动，但动作不要过猛，防止抢跑犯规。听到出发枪声后，踏蹬第一脚立即做迅速而有力的下踏，但不能用力过猛，避免肌肉过分紧张，不利于通过"死点"；另一只脚借助皮条和脚卡向上用力提脚蹬，脚尖稍向上抬起，防止脚套拉脱。在左脚踏蹬时，左手用力向怀里拉把，集中使用力量，右手以同样的力量向下按车把，两臂弯曲，上体前移，整个身体以弓形用力；循环至另一只脚踏蹬时，动作相同，方向相反。同时，头部稍稍抬起，注意车子平衡，直线加速前进。起跑到 60～80 米达到一定速度后，运动员可平稳地坐到车座上。利用已有的惯性，稍放松踏蹬几下，调整因起跑产生的肌肉紧张状态后，立即转入正常踏蹬。这里要特别指出，由站立式往下坐时不要向后猛拉车把，防止车子减速。

2. 不扶车起跑

出发前，运动员两手扶车，骑在车架上方，一只脚踏上脚蹬，另一只脚站在地上，当听到出发信号时，用力蹬地使车向前移动，并迅速坐在车座上，套上脚套，用站立式骑行方法加快速度。起动后的技术与扶车起跑相同。

（八）跟车骑行技术

无论在团体赛还是个人赛中，正确运用跟车骑行技术都是争取胜利的一个主要因素。运动员跟在别人后边骑行时，可以借助前边运动员冲破空气阻力所产生的涡流，推动车子前进，从而减少自身体力的消耗。

跟车骑行技术的要领：首先是缩短与前面自行车的距离，以不影响视线、容易观察前面路面为好。公路骑行，跟车距离一般在 15～30 厘米。并且要注意风向和风力。风从正面迎来，应由一人领骑，其他人在后面排成一路纵队，跟在前车左侧方或右后方 15～30 厘米处；风从左方来，可跟在前车右侧后方；风从右方来，可跟在前车左侧后方。如果侧风较大，与前车的距离要近；如果侧风小，与前车的距离可稍远些。在下坡时向旁边骑开些，转弯时稍向后，以免发生事故。

跟车骑行时，头稍抬起，两眼正视前方，余光看到前车的后轮即可。倘若只低头看自己的前车轮，一旦前面出现障碍，就有摔倒的危险。当然，在团体比赛中，交通停止，路面平坦，短暂的瞬间低头骑行可使颈部肌肉得到放松，这也是允许的。

跟车骑行中，两车容易相撞，多数是后面车的前轮碰上前车的后轮，失去平衡而摔倒。出现两车相撞时，头脑要冷静，前面的运动员要继续平稳前进，后面的运动员不要刹车，只要稍微减速即可。左面撞上前车，应将身体和车子一齐向右歪，同时将车把向右转，两车即可逐渐分开；右面相撞，向左方做同样的动作。

（九）土质、沙质路面转弯技术

在土质、沙质路面上转弯很不容易，不但很难保持较高的车速，而且随时都有摔倒的危险。在土质、沙质路面上转弯可以分成三个阶段：入弯、转弯、出弯。同时，车手还应该考虑骑车的速度、地形以及骑车的姿势。

1. 入弯

靠近弯道时，一定要留心地面，判断自行车所能达到的最高速度，选择最佳骑车路线，并判断路线的安全性。这一步涉及自行车与地面之间的摩擦力问题。进入弯道时要选择在转弯时可以保持的车速。一般来讲，进入弯道时要放慢速度，不要太快，转弯时也不要使用车闸。骑车时要全身放松，并在这一阶段对骑车路线进行最后调整。

2. 转弯

开始转弯后，身体重心向前、向外偏移，同时要紧紧地控制住自行车，使身体的重心落在前轴与曲柄之间一个假想的点上。向下看这个假想的点时，应该能够看到前轮的外侧（面向弯道外侧的一侧）。如果弯道不是太急，并且脚蹬离地面还有足够的距离，那么可以再踏几下脚蹬，以进一步提高车速；向下按压内侧的车把，以增加前轮同地面之间的摩擦力。比较专业的车手通常使脚蹬处于水平状态，有助于身体保持平衡，并为快速冲出弯道做好准备。使用车闸时尽量不使用前闸，否则前轮会因为张力增大而中和摩擦力，增加轮胎脱圈的危险；必要时可以使用后闸，瞬间锁住后轮，让后轮做短暂的滑行。

3. 出弯

接近弯道末端时，挺直身体，增加脚蹬的力度，以越来越快的速度离开弯道后，就可以沿着直线继续高速前进，并有可能超过其他车手。

（十）不同地形的骑行技术

1. 多石的路面

在石头较多的路面上骑行时，车手应提早选择好适合的路线，尽量放松，保持在这条路线前进；碰击到石块时，保持车轮与石块垂直，或者采取"随波逐流"的方式通过。需要注意的是，车手应随时做好改变路线的准备，如果突然被弹出而离开了原来的路线，仍要把视线保持在原先计划的路线上，以便可以随时返回。如果在下坡路段要通过乱石区，应避免使用刹车，以滑行的方式通过整个区域，或以较高的速度迅速穿过；必须使用刹车时，则在石头较小和容易操控、相对稳定的情况下，同时使用前后刹车。在上行时，车手往往会随着车子左右摇晃；如果距离不是太长，那么可以采取俯卧的姿势，站在脚蹬上，降低身体重心，把车子控制住。

2. 泥泞、杂草丛生的地形

在旷野中骑行时，随时都可能遇到满是泥浆的路面以及杂草丛生的地形。车手应事先做好思想准备，掌握相应的骑行技巧。

骑行前，应在链条上涂上一些具有防水功能、适于泥泞环境的润滑油，安装适于在泥泞环境中使用并能增加与地面之间摩擦力的轮胎，穿上防水的骑行鞋使双脚保持干燥和温暖。在泥浆路面骑行过程中，车轮与车架接合处积满泥巴或轮胎上沾满泥巴等，会使自行车寸步难行，此时如果有水道，则可以从水里骑过去，甩掉一些泥巴。遇到大面积的沙地、泥浆和水道时，要保持身体的重心离开前轮，移到车座的后部，尽量不要刹车，也不要挺直后背，把自行车调到比较省力的齿轮上面，让前轮从沙土、泥浆和水面上方轻轻"飘"过去。如果所经之地植被比较浓密（例如森林中铺满树叶或小草的地面），车子骑起来会比较费力，此时一定不要过度用力，以免精疲力竭。

二、山地自行车的训练方法

（一）耐力训练

一般在山地自行车运动中进行两种耐力训练，即长时间的耐力训练和普通的耐力训练。长时间的耐力训练是普通耐力训练的一种特殊形式，在增强基本力量时，经常采用这种训练方法。这种耐力训练的特点是强度低、持续时间较长，因而经常被安排在周末进行。在这个训练体系中，山地自行车运动员除进行 2～6 小时的慢骑外也可以采用其他的训练方式（如滑冰、慢跑），亦可将强度不高的 2～3 小时的放松骑行作为耐力训练的内容。

（二）间隔训练

间隔训练是指山地自行车运动者在持续 1～10 分钟的运动后，又开始进行新的强度的运动。在平地或丘陵地带定期进行这种训练能够使运动员亲身感受"极限"，并延迟"极限"的出现，也使他们既能进行高强度的训练，又能控制身体不出现有氧"极限"。当最大强度不超过 75％时，这项艰苦的训练内容产生的一个重要结果就是无氧"极限"的提升。要想提高个人的成绩，最可行的方法就是在考虑全部训练内容的同时，将这项重要的训练纳入周训练计划之中。

（三）极限训练

极限训练主要是为身体的"警戒区"，即无氧呼吸的极限而进行的训练。训练时的速度要比比赛时的速度稍慢些，在训练的后半段应尽快地骑完全程，训练的强度为最高心率的81％～90％。较高的无氧"极限"能缓解乳酸升高而产生的疲劳，使运动员有可能在几乎接近最高强度时完成行程。

三、山地自行车运动的注意事项

（1）骑车时眼睛目视前方，不能总是盯着路面或自己自行车的前轮和前面的自行车的后轮。

（2）不要盲目地跟着前面的自行车走。不然，很容易碰到前面车手突然避开的障碍。

（3）遇到大面积的沙地、泥浆和水时，身体的重心离开前轮，落在鞍座的后部，让前轮从沙土、泥浆和水面上方轻轻地"飘"过去。

（4）刹车力度适中，刹车时不要挺直后背，否则会失去控制。

（5）骑车时应把自行车调到比较省力的齿轮上。

（6）在沿着比较陡峭的河岸或斜坡向下骑行时，始终要把身体的重心放在鞍座的后部。一旦失去控制，从自行车上向后摔要比从车把上方向前栽倒安全。

（7）沿着斜坡向上骑行或向下骑行时，应观察远处地形，提前选定路线，一旦选定路线，就不要再犹豫，否则肯定会摔倒。

第四节　山地自行车的选择与调整

一、山地自行车车座的选择

（一）根据个人骨盆结构选择

山地自行车运动员依靠车把两端和车座三个支撑点来维持平衡。在这三个点中，车座是主要支撑点，承受着大部分的身体重量。为了充分发挥踏蹬技术，运动员的坐骨结节需要支在车座上，因而必须根据个人骨盆构造来选用适合的车座。坐骨结节间距离宽的可选用宽车座，坐骨结节间距离窄的可选用窄车座，如果坐骨间距离宽选用了窄车座，车座就会嵌入坐骨之间，使坐骨神经和肌肉过度紧张，破坏骑行姿势和正确的踏蹬动作，影响运动成绩。

（二）根据骑行距离和运动强度选择

车座的选择还要考虑到骑行距离长短和运动强度大小。赛车场距离短，强度大，骑行时肌肉、神经高度紧张，可选用窄车座；公路训练和竞赛，骑行时间长，可选择与坐骨接触面较宽的车座。由于生理特点，不论公路与场地，女运动员都应选择较宽而柔软的车座。无论男女，运动员选用的车座平面都要绷紧，不能有明显的凸凹现象，以免影响正确的骑行姿势。

二、山地自行车车座的调整

（一）车座前后的调整

先将车座固定在水平线上再调整车座，根据运动员的大腿长度，把座子前端调整到中轴垂直线后2～5厘米处。大腿长，车座应多向后移动；大腿短，车座稍向前移动，但车座前端一般不超过中轴垂直线后2厘米。

（二）车座高低的调整

运动员坐稳车座后，用脚跟蹬住脚蹬，当脚蹬到最低点时，腿应正好伸直，既不感到过分伸脚，也不使膝关节有弯曲。

调整好的车座，应使运动员踏蹬到曲柄与地面平行的位置时，膝关节垂直线能正好通过脚蹬轴的中心；踏蹬到最低点时，膝关节能稍有弯曲，以利于肌肉在紧张之后可得到暂时休息。经过几次骑行检验，如感到用力合适，就可固定下来。车座固定后，要把有关的测量数字记录下来，作为以后更换车座或车辆时的依据。

三、山地自行车车把的调整

车把的调整对调整骑行姿势十分重要。车把的宽度应与运动员的肩宽大体相同，一般为38～41厘米。宽于肩，会增加风的阻力；窄于肩，胸腔会受到挤压，影响正常呼吸功能。车把的高度，应根据运动员上体尺寸和臂长来决定，并注意专项的特点。公路运动员用的车把可略高些，场地运动员用的车把可稍低一些。合理的车把高度是使公路运动员的上体角度（通过髋关节的水平线和髋关节中心至颈椎中心连线）保持在 $35°～45°$，场地运动员的上体角度保持在 $20°～30°$。

把立管的长度调整到：当运动员踏蹬到曲柄与地面平行的位置时，肘关节与膝关节能稍稍相碰。

车子各部分之间距离调好后，不要轻易改变，特别是在比赛前，否则，会破坏已形成的动力定型，影响运动员在比赛中的发挥。

第七章　滑雪运动

第一节　滑雪运动概述

一、滑雪运动的起源

对于滑雪运动起源地，专家学者们一直争执不下，但意见无外乎两个地区：一是斯堪的纳维亚，另一个是阿勒泰。

支持斯堪的纳维亚起源说的专家认为，在芬兰的卡鲁瑞斯库和瑞典的豪汀发现了最古老的滑雪板，特别是"豪汀的滑雪板（深埋在沼泽地下）据鉴定距今有 4500 年"；但一些俄罗斯学者则认定滑雪活动早在 6000 年前就出现了，该发现并不能证明起源地是豪汀。近年来，考古发现陆续充实了斯堪的纳维亚起源说，像在白海地区以及挪威北部的一些岛岩洞或岩石上，都发现"据考证有 4000 多年前的岩画上刻着一个男人手里握着棍乘着滑雪器"。

另一个理论——阿勒泰起源说的支撑点是从语言学上考证的。有专家研究滑雪（英文 ski）不仅仅"在斯堪的纳维亚地区语言和芬兰语的表述相似，而且在阿勒泰语系和北西伯利亚人的语言中也大致相同，如萨莫耶德人和通古斯满语族（阿勒泰语系的语族之一）对此的表述"。支持这个观点的专家们，据此推断滑雪活动应该以阿勒泰地区为起源地，并随着人类的不断迁徙而传播到斯堪的纳维亚地区、东西伯利亚、我国东北以及日本，甚至穿过白令海峡到达北美，最后传播到高加索地区和小亚细亚。

还有许多人认为滑雪活动是在各个不同的地区各自独立起源发展的，当然，当地的地理气候环境要适合这项活动的发展。无论滑雪的起源地在哪儿，数千年前的滑雪活动充其量也只是某些高寒地区的人类的生产生活方式。

二、滑雪运动的发展

（一）蒙昧时代的亚欧滑雪活动

人们对于滑雪的早期认知，大多是从一些古代学者的只言片语中得到的。不过，我们依旧能从一些传诵至今的文字资料和神话故事中寻觅到滑雪的大致发展情况。

资料显示，早期的北欧和亚洲，尤其是我国东北部地区曾广泛出现过滑雪活动，这时的滑雪还主要以实用性方式出现。例如，蒙古利亚人就将滑雪用于主要的生产生活。但我国东北阿勒泰地区的吉林人，除了运用木制的滑雪板在雪地上穿行狩猎、进行战斗外，每当狩猎季节结束后还将滑雪作为娱乐休闲的方式，甚至组织了专门的竞赛活动。

滑雪还可以从斯堪的纳维亚地区的传奇神话故事寻觅到发展的脉络。那个时代,滑雪不仅是人们的旅行交通方式,还常用于军事。早期的滑雪主要用于旅行、狩猎等,拉普人则在 16 世纪初将滑雪赋予了军事功能。16 世纪中叶,军队逐渐开始把滑雪用于部队运输物资。当时俄国和瑞典部队还招募了大量会滑雪的士兵编成滑雪部队。1564 年瑞典和丹麦(当时挪威在丹麦控制中)的战争中,有近 4000 人的滑雪部队参与作战。到了 18 世纪,挪威还在部队中进行了专业的滑雪指导,并在 1733 年出版了一本关于滑雪的军事训练指南。

（二）近现代社会中滑雪工具性的衰退

18 世纪后,少数居住在常年冰雪覆盖地区的北欧人将滑雪用于生产生活。随着经济贸易交流逐渐扩大,农产品的日益丰富和畜牧业的发展大大促进了其他交通工具的发展,轮式运输等交通方式逐渐替代了滑雪的交通功能。但是,由于滑雪在斯堪的纳维亚地区历史上具有极为重要的地位,使得人们依然钟情于滑雪活动,主要体现在滑雪的军事使用和根植于民族记忆中滑雪的情结。滑雪作为一项体育运动,曾在 20 世纪初激起强烈的民族主义思潮。1922 年,瑞典的 90 千米越野滑雪赛已成为国际著名滑雪赛事。

西欧,特别是山区,冬季气候恶劣,生存艰难,人们很少在户外活动,而且种族文明所衍生的生活方式对于外来的事物融合的不敏感,使得滑雪活动直到 19 世纪才被西欧人所认识、接受。

不同地区的地理地形的迥异也使得滑雪活动的方式大大不同。北欧善于平原滑雪越野,一些欧洲山区则更喜欢障碍滑雪。19 世纪中叶,滑雪活动被逐渐规范成为冬季体育的各种竞赛项目,这种情况才得以改善。

三、滑雪运动的种类

（一）自由式滑雪

自由式滑雪是以滑雪板和滑雪杖为工具,在专门的滑雪场上,通过完成一系列的规定或自选动作而进行的一种雪上竞技项目。自由式滑雪是在高山滑雪的基础上孕育发展而成,它由空中技巧、雪上技巧和雪上芭蕾三个独立的小项组成。自由式滑雪起源于 20 世纪 60 年代的美国,从 1992 年开始,男、女单人雪上技巧被列为冬奥会比赛项目。

自由式滑雪的最高组织机构是国际滑雪联合会,总部设在瑞士首都伯尔尼。中国滑雪协会的总部在北京。

（二）越野滑雪

越野滑雪是滑雪运动项目之一。运动员足蹬滑雪板,手持雪杖滑行于旷野雪原。它起源于北欧,又称作北欧滑雪,于 1924 年第一届冬季奥运会被列为正式比赛项目。越野滑雪是最古老的冬季运动。在挪威境内,曾发现 4000 年以前的一块石刻,上面刻有两人滑雪的图形。越野滑雪是借助滑雪工具,运用登山、滑降、转弯、滑行等基本技术,滑行于山丘雪原的运动项目。设男子 1.6 千米传统式、男子 1.6 千米团体赛、男子 15+15 千米追逐赛、女子 7.5+7.5

千米追逐赛、男子个人竞速赛、女子个人竞速赛、男子团体竞速赛、女子团体竞速赛、男子 4×10 千米接力赛、女子 4×5 千米接力赛、男子 15 千米间隔出发、女子 10 千米间隔出发、男子 50 千米集体出发、女子 30 千米集体出发、女子 1.2 千米传统式，比赛线路中，上坡、下坡和平地各约占 1/3。为有利于发挥，运动员应避免滑行坡度过长、过陡和急转弯地段。

（三）高山滑雪

高山滑雪起源于中欧的阿尔卑斯地区，又称作阿尔卑斯滑雪。高山滑雪是在越野滑雪的基础上逐步形成的。特定的地理环境产生特定的求生方式，经常处于冰天雪地的北欧早在 5000 多年前就已经有滑雪运动了。与其他起源于欧洲的冰上运动类似，它也是由原始狩猎演变而来，并逐渐成为一种交通方式。今天能见到的最早的滑雪板现保存于"滑雪运动之都"——挪威奥斯陆，那里陈列着一些 1500 年前的滑雪板。

随着滑雪运动的普及，北欧人不满足于只在平地上进行滑雪角逐，他们的兴趣逐渐从平地转向地形复杂的高山丛林。

1850 年，挪威的泰勒马克郡出现改变方向和停止滑行的旋转动作。

1868 年，挪威滑雪运动奠基人诺德海姆等人在奥斯陆滑雪大会上表演了侧滑和"S"形快速降下技术。

1890 年，奥地利的茨达尔斯基发明了适合阿尔卑斯山地区特点的短滑雪板及滑行技术，1905 年，他在维也纳南部的利林费尔德进行了高山滑雪史上第一次回转障碍降下表演。

1907 年，英国创立阿尔卑斯滑雪俱乐部，这是世界上第一个高山滑雪组织。

1910 年，奥地利的比尔格里上校组织具有军事性质的高山滑雪学校，并率先采用深蹲姿势持双杖快速下降、制动转弯的滑法。

英国人阿诺德·卢恩爵士和奥地利人海因斯·施奈德发明了现代高山滑雪比赛。

1921 年，英国的伦恩在瑞士的慕伦组织组织了高山滑雪史上的首次回转和速降比赛。

1922 年，奥地利的施奈德创办了高山滑雪学校。

1931 年，世界高山滑雪锦标赛开始举办。

1936 年，奥运会开始有高山滑雪项目，当时只有男女快速降下和回转障碍降下两个项目。奥地利一直是冬奥会高山滑雪项目的最大赢家，总共获得超过 77 块奖牌。

从 1952 年开始，高山滑雪才固定为三个比赛项目：大回转障碍降下、回转障碍降下和快速降下。其线路的长度、高度差以及检查门数都是不固定的，随后，高山滑雪逐渐发展到十个竞赛项目。

（四）单板滑雪

单板滑雪是一项以一块滑雪板为工具，在规定的山坡线路上快速回转滑降，或在特设的"U"型场地内凭借滑坡起跳，在空中完成各种高难度动作的雪上竞技项目。

单板滑雪起源于 20 世纪 60 年代的美国密歇根州，从 1998 年开始，单板滑雪的高山大回转和"U"型场地雪上单板技巧成为正式比赛项目。2003 年，中国的单板滑雪正式立项，主要开展"U"型场地雪上技巧项目。

（五）跳台滑雪

跳台滑雪是运动员脚着特制的滑雪板，沿着跳台的倾斜助滑道下滑，借助速度和弹跳力使身体跃入空中，在空中飞行 4～5 秒钟后落在山坡上。1972 年，首届世界跳台滑雪锦标赛在南斯拉夫举行。跳台滑雪从 1924 年第一届冬奥会即被列为比赛项目。根据国际滑雪联合会规定，在冬季奥运会及世界滑雪锦标赛的跳雪比赛中，设有 70 米级和 90 米级台的两个跳雪项目。1964 年，第九届冬奥会开始统一跳台级别，分别规定为上述的 70 米和 90 米两种。这并不单指跳台高度，还包括跳台助滑道的坡度即 35°～40°以及长度即 80～100 米。

（六）冬季两项和北欧两项

1. 冬季两项

冬季两项是雪上运动项目之一，它是由越野滑雪和射击两种特点不同的竞赛项目结合在一起进行的运动，要求运动员既要有由动转静的能力，又要有由静转动的能力。

冬季两项也是冬奥会的正式项目之一。它要求运动员身背专用小口径步枪，每滑行一段距离就进行一次射击，最先到达终点者即为优胜。它源于挪威，与人们在冬季狩猎活动有关，是一种滑雪加射击的比赛。

1960 年，第八届冬奥会中，冬季两项成为正式比赛。1992 年，第十六届冬奥会增设女子比赛。在冬季奥运会上，进行男子 5 项、女子 5 项及混合 1 项共 11 个赛事小项。

冬季两项历史悠久，由远古时代的滑雪狩猎演变而来。在挪威、荷兰和瑞典等北欧国家的一些 4000 多年前的石制雕刻品中，就刻有两人足蹬雪板，手持棍棒在雪地里追捕动物的情景。

1767 年，守卫在挪威与瑞典边界的挪威边防军巡逻队曾举办了第一次滑雪和射击比赛。滑完全程并且滑行途中用步枪射击 40～50 步远的靶标，成绩最优者可得到价值相当于 20 克朗的奖品。这是滑雪与射击结合运动的开始。

1861 年，挪威成立世界上最早的滑雪射击俱乐部。

1912 年，挪威军队在奥斯陆举行名为"为了战争"的滑雪射击比赛。此后，冬季两项逐渐在欧美国家开展，成为一种体育运动项目。

1924 年，冬季两项被列为首届冬奥会表演项目，1958 年，第一届世界现代冬季两项锦标赛举行。

现代冬季两项比赛时，运动员要脚穿滑雪板，手持滑雪杖，携带枪支，沿标记的滑道，按正确的方向和顺序滑完预定的全程。个人赛中，单人出发，间隔时间为 30 秒或 60 秒；接力项目第一棒采用集体出发的方式，以后则在交接区接棒出发。男子 20 公里和女子 15 公里射击 4 次，射击姿势及顺序为卧射、立射、卧射、立射，每次 5 发子弹。男子 10 公里、女子 7.5 公里和男、女 4×7.5 公里接力均射击两次，射击姿势及顺序为卧射、立射，个人赛每次 5 发子弹，接力赛每人每次 8 发子弹。

现代冬季两项开始的时候，只有男子项目，分成年组和青年组。成年组项目有 20 公里越野滑雪加 4 次射击，10 公里越野滑雪加 2 次射击，团体 4×7.5 公里越野滑雪加 2 次射击。青年组的项目有 15 公里越野滑雪加 3 次射击，10 公里越野滑雪加 2 次射击，团体 3×7.5 公里越野滑雪加 2 次射击。现代冬季两项世界锦标赛也分成年组和青年组。

2. 北欧两项

北欧两项起源于北欧，由越野滑雪和跳台滑雪组成，它在挪威、瑞典流传了很长时间，成为北欧的传统项目，又称作北欧全能。19 世纪中期，北欧两项运动首先出现在挪威。1924 年，第一届冬季奥运会把北欧两项列为比赛项目。1988 年，第十五届冬季奥运会开始设团体项目。2002 年，美国冬奥会上新增加了个人追逐（竞速）赛。

四、滑雪运动的特点

（一）发展人体协调性，增强人体的平衡感

滑雪运动是全身性的运动，它既能改善人体的呼吸机能，又能增强人体手臂、腿、腰、腹等肌肉的力量以及身体各个关节的灵活性，对人体的平衡能力有很大的提升作用。例如，在滑雪时，由于雪面较滑，再加上滑板上的刀刃的支撑面较窄，刚开始学习的运动员可能经常因为失去平衡而摔倒，但经过一段时间的练习后，运动员就会发现自己不仅可以在雪面上快速地滑行，还可以做一些旋转动作。经过这个由"跌跌撞撞"到"自由滑跑"的蜕变过程，运动员会惊讶地发现自己的协调性和平衡能力得到了充分的锻炼与提升。

（二）战胜寒冷，磨炼意志

由于滑雪运动是在温度比较低的环境下进行的，刚开始学习滑雪运动时，运动员可能会因为害怕寒冷、摔跤而不愿进行一些基本动作的练习，也可能因为基础练习的枯燥乏味而远离滑雪运动。如果运动员能勇敢地战胜寒冷与恐惧，持之以恒、锲而不舍地进行练习，就能体验到滑雪运动带来的刺激与快乐。

滑雪运动一般在户外进行，它可以让参与滑雪的运动员接触大自然，体验到别样的刺激与快乐。当运动员在雪面上"飞驰而过"时，可以体验到速度带给运动员的刺激；当运动员和同伴在冰上"翩翩起舞"时，可以感受到"白色世界"上的艺术魅力；当运动员踩着滑雪板从高处迅速滑下时，可以体验到飞翔的快感；当运动员和同伴在雪地中相互追逐时，可以感受到尽情玩耍的畅快与自由。

五、滑雪运动的锻炼价值

（一）滑雪运动可锻炼人的平衡能力

滑雪运动的实质是掌握平衡，在重心的不断切换中找准平衡点，就能做出漂亮优美的动作。虽然可能要历经无数次的摔倒，才能换来雪道上的惊艳亮相，但只要掌握要领，人们一定会爱上在雪道上飞驰的感觉。

（二）滑雪运动能增强身体的柔韧性

在滑雪过程中，想要做出优美流畅的动作，就需要身体各个关节完美地进行配合。因此，滑雪对于人体的头、颈、手、腕、肘、臂、肩、腰、腿、膝、踝等部位都能起到良好的锻炼作用。经常进行滑雪运动，能够激活僵硬的身体，增强身体的柔韧性。在国外许多地方，滑雪运动还被用于改善关节疾病。

（三）滑雪运动可增强人体心肺功能

滑雪运动和跑步运动、游泳运动一样，都属于有氧运动，能够增强人体的心肺功能。在快速运动甚至是疾速的运动中，滑雪对于人体心肺功能的锻炼更是显而易见的。面对那些以千米来计算的滑道，只有拥有强大的肺活量和良好的心血管系统的支持，才能保持较长时间的滑雪运动状态。经常进行滑雪运动，可以使心肺功能的承受能力变得更加强大。

（四）滑雪运动有助于减去多余脂肪

对于想减肥的人士来说，滑雪运动算得上是一项效果不错的减脂运动。有数据表明，一个速度正常的滑雪者 1 小时消耗的热量为 734 卡，相当于在 1 小时内跑了 9.5 千米的运动消耗量。这样快速的燃烧量，对于肥胖者而言就是福音。

（五）滑雪运动能调节人体低落情绪

如果每到冬天，一个人就会出现忧郁、沮丧、易疲劳、注意力分散、工作效率下降等症状，那么这个人有可能是患上了"冬季抑郁症"。有资料表明，常年在室内工作的人，尤其是体质较差或极少参加体育锻炼的脑力劳动者以及平时对寒冷较敏感者，更容易产生"冬季抑郁症"。滑雪运动可以激发人体内的活动因子，有助于改善情绪低落状态，让锻炼者的心情逐渐变得开朗。

（六）滑雪运动可锻炼人体协调能力

与平衡能力关系最密切的就是协调能力。只有在充分协调、调动全身各部位的基础上，才能在滑行中取得最好的平衡效果，做出最出彩的动作。当然，这也是对全身神经系统的全方位锻炼和提高。

第二节　滑雪运动技术

一、高山滑雪基本技术

（一）基本姿势

上身放松，目视前方，膝关节稍弯曲，在 120°左右，双臂放在身体两侧，双手自然前伸，双板平行均衡负重，双板的间距同髋关节的宽度。

高山滑雪姿势可以分为高、中、低三种，基本姿势属于高姿势，初学者在学习的技术阶段采用基本姿势，根据练习的内容、坡度和速度等具体情况，熟练后可以采用不同的姿势。

（二）基础技术

1. 穿板

双板平行放在雪面上，双手撑杖于雪板两侧，保持身体平衡，用雪板或固定器上的尖头凸起部位刮掉鞋底上的积雪，鞋尖部位伸进固定器中，鞋在固定器中摆正，脚跟向下踩压，让搭扣卡住脚后跟部位的凸缘，抬起并扭动穿好滑雪板的那只脚，以确定固定器是否扣牢。同样的办法，将另一只脚卡入固定器。当你在固定后跟时，听到"咔嗒"声，并且止滑器自动收回，就说明滑雪鞋被固定好了。

2. 脱板

如果欲将滑雪鞋从固定器上取下，只需按下脚后跟部位的控制杆。

3. 安全摔倒与站起

（1）安全摔倒的方法

在失去重心的情况下，尽量不要挣扎，迅速屈膝降低重心，两臂自然伸直，臀部向山上侧坐，两雪板稍举起，防止滚动。在完全停止前勿伸腿使雪板着雪，并保持稍团身姿势。

（2）如何安全站起

有时候，摔倒姿势是不可控制的，因而摔倒后头的朝向也是无法控制的。在无人帮助的情况下，要根据场地的情况采用相应的方法。

（3）危险的摔倒姿势

在高山滑雪产生的外伤中，因姿势不当造成的损伤占有较大的比例，一定要切记不能在摔倒后滚动，这是最危险的动作。

（三）滑降技术

滑降是指从高处向低处滑下。滑降从板形上可分为犁式滑降、直滑降、斜滑降和横滑降四种。

1. 犁式滑降技术

穿好滑雪器材，将两只滑雪板的后部向外推出，呈"内八"字状，膝盖向前顶，上身稍向前倾，两脚平均负担体重，用两只雪板的内刃卡住雪面，向坡下滑行。两只滑雪板形成的角度越大，阻力越大，滑行越慢；反之阻力变小，滑行加快。在滑行中需要不断地改变角度的大小，以体验由此带来的速度变化。初学者可将此技术用于滑降中的减速和停止，此阶段的主要任务是将滑降中的加速运动控制为匀速运动或减速运动。

2. 直滑降技术

直滑降是指双板平行，面对垂直落下线直线下滑的技术。直滑降时，双板平行稍分开，体重均匀地放在两腿上，两脚全脚用力。上体稍前倾，髋、膝关节稍屈，呈稳定的稍蹲姿势，保持随时可以进行腿部屈伸的状态。两臂自然垂放两侧，肘稍屈以协助保持平衡，肩部应始终处于放松状态。目视前方，观察场地及前方情况，禁止低头看雪板。

3. 斜滑降技术

斜滑降是指滑降的路线与滚落线呈一定角度的滑降过程。滑降过程中，上身保持直立，膝盖向山上侧顶，两只滑雪板保持平行，山上侧的滑雪板稍微突前，靠山下侧的滑雪板承担体重，立刃后卡住雪面。山上侧的滑雪板轻浮于雪面，不要立刃，身体呈弓形，向斜下方滑行。当需要停止时，用力蹬山下侧的滑雪板，使滑雪板的滑行方向向山上侧转，滑雪板就会慢慢地停下来。学好斜滑降技术可为进一步学习转弯技术打好基础。

4. 横滑降技术

横滑降是指双雪板横在山坡上，沿垂直落下线方向直线或斜线的滑降。其方法是：双板平行，上侧板稍向前约半脚，身体侧向滑下，与斜滑降相比，有更大的向山下侧扭转的感觉。通过调节两雪板与地面的角度向山下滑降，双腿微屈，眼睛向山下侧看。

（四）转弯技术

转弯技术是高山滑雪技术中的重点和关键。

1. 犁式转弯技术

身体呈犁式滑降姿态，如果要向左转弯，应将重心移到身体的右侧，右腿承担体重，膝盖要向内向下压，让右侧滑雪板立刃的同时用力向外蹬右侧的滑雪板，身体就会慢慢地向左转动。将此技术要领换到左侧，身体就会向右转动。在犁式转弯中，承担体重的滑雪板为主动板，另一只为从动板。主动板受到的下压力量越大，转的弯越小，下压力量越小，转的弯越大。如果两只滑雪板轮换变为主动板，那么其滑行过程就是连续的犁式转弯。在改变转弯方向时，身体重心的改变和左右腿力量的改变同时进行。其他姿势与犁式滑降姿势相同。犁式转弯适用于坡度不太陡的地形，技术要领简单，很适合初学者使用。

2. 半犁式转弯技术

半犁式转弯技术是雪板呈"八"字型转弯的一种方法，两雪板中一板是直滑降板型，另一板是犁式滑降板型。呈直滑降板型的雪板一般被称为从动板，而呈犁式滑降板型的雪板则被称为主动板。在转弯时重心在主动板，加压，立刃都可进行转弯。半犁式转弯是半犁式连续转弯的基础。半犁式转弯的练习可让运动员掌握重心移动、用力顺序、雪板蹬出的方向及立刃动作等。

3. 蹬跨式转弯技术

蹬跨式转弯（又称作踏步式转弯）是高山滑雪转弯技术中实用性及实效性都很强的技术动作。其方法是：在双板滑进的基础上弧内侧（右）板稍抬起并跨出，此时左板向弧外蹬出，右板跨出与左板蹬出应同时进行。外侧板（左）强有力地用刃刻、蹬雪为右板增大向新的转弯方向的推进力，右腿主要承担体重。左侧板蹬板结束后，重心升高，板向左侧倾倒，双板平行进入新的回转弧。

4. 跳跃转弯技术

通过双腿的伸蹬和对地形的利用，使雪板离开雪面，进行变向后着雪的转弯技术动作称为跳跃转弯。在跳跃转弯技术中既有雪板完全离地面的跳跃转弯，又有只是雪板尾部跳起的转弯技术，跳跃转弯时平衡的维持能力非常重要。跳跃转弯既可在单个动作中体现，又可在连续动作中运用，具有较高的实用价值。

跳跃转弯不但能有效地在 20°～30° 的陡坡上控制速度、改变方向，而且能在雪质条件较恶劣和场地条件较差的条件下有效地运用。

5. 双板平行转弯技术

（1）以常规形式，速度较快时的向左转弯技术

①身体呈向右斜横滑姿势，双板平行，两雪板之间距离 10 厘米左右。

②保持一定的速度，在进入左转弯之前向下屈体，点下左雪杖。

③身体向前上方引伸，点杖结束，交换重心。

④双雪板同时向左侧立刃，用力蹬踏右雪板，右雪板主要承重，成为主动板；左雪板立刃小，承重也少，成为从动板。弯曲双腿，双膝同步向前内侧顶压，上体形成反弓型，向右外轻微扭转，重心下沉。

⑤重心向转弯内侧移动，胯部和膝部向内侧倾，右板内刃大力蹬雪，左板外刃辅助蹬雪。

⑥继续向前屈踝、顶膝滑行，向左侧转弯，准备向右继续转弯。

（2）以常规形式，速度较慢时的向右转弯技术

①进入向左侧的斜横滑姿势。

②保持一定的速度，在进入右转弯之前，向下屈体，点下右雪杖。

③身体稍稍向前上方引伸，点杖结束，交换重心。

④双雪板同时向右侧立刃，用力蹬踏左雪板，左雪板主要承重，成为主动板；右雪板立刃小，承重也少，成为从动板。弯曲双腿，双膝同步向前内侧顶压，上体向左外倾微扭转形成反弓型，重心下沉。

⑤重心向转弯内侧移动，胯部和膝部向内侧倾，左板内刃加大蹬雪，右板外刃辅助蹬雪。

⑥继续向前屈踝、顶膝滑行，完成向右侧转弯。

二、单板滑雪运动的技术

(一) 平地蹬板技术

单板滑雪需要两只脚来操控一个滑雪板，具有一定的难度，初学者需要保持身体平衡，并对滑雪方向进行合理掌控，为了避免操作不当导致身体肌肉出现损伤的情况，初学者应掌握平地蹬板技术要领。在实际训练时，滑雪者先用一只脚控制滑雪板，另一只脚平衡身体重心，保证可以平稳前进。两只脚进行更换训练，一段时间后滑雪者就可以找到滑雪的感觉，实现对滑雪板的稳定操控。

(二) 背坡滑雪技术

滑雪场中不同区域的场地坡度和赛道的起伏都是不一样的，想要顺利地在各种坡度场地进行滑雪运动，必须要熟悉背坡滑雪和相关的滑雪技术要领。

背坡滑雪就是滑雪者背向雪坡，在滑行的过程中，运动员的下肢力量要处于放松状态，特别是小腿和脚部，大腿要适当地增加力量，让运动员可以稳定滑动。运动员腰部以上不能弯曲，与大腿保持在一条直线，脚尖和脚跟也要保持平稳，不能抬起，运用鞋跟下压的方式，让滑雪板的另一边翘起，让滑雪者更好地进行滑雪运动。如果不能很好地操控滑雪板，那么可以通过腰部的力量对滑雪板施加作用力，改变重心，从而带动滑雪板运动，待滑雪板运行之后，要稳定重心，将身体重心与滑雪板保持在同一条直线上。在进行背坡滑雪的过程中，只有控制好滑雪的力度，才可以准确操控滑雪板，使其根据自己的需求进行滑行与停止，也可结合滑雪场地形进行左右滑动。在改变滑雪板方向时，向哪一侧滑动，所对应的腿就需要进行弯曲，同时身体上部要处于放松状态，双臂呈现自然下垂的状态，控制好滑雪板与滑雪路线之间的角度，要进行"之"字型走位，同时要保证身体平衡，对身体重心进行合理调节，避免出现重心不稳的情况。在熟练掌握滑雪技巧之后，可适当地增加滑雪角度，为后续更多滑雪技巧的学习做好准备。

(三) 面坡滑雪技术

面坡滑雪与背坡滑雪的技术较为相似，雪坡在滑雪者的前面，采用"之"字型滑雪或者直线型滑雪，与背坡滑雪的方式相同。但是面坡滑雪需要通过对滑雪板后刃进行操作，来操控滑行方向，如果需要停止，则可以采用后腿前蹬的方式来降低滑行的速度，达到停止的目的。

(四) 转弯滑雪技术

滑雪者在转弯的过程中，一定要掌握相关技巧，对滑雪的力度和身体的状态进行科学调节，这样才能更好地滑行转弯路段。要慢慢释放对滑板的压力，膝盖弯曲，使身体与其保持在平行位置。在直行滑动的过程中，要向脚尖部位增加压力，调整身体重心，带动滑雪板旋转滑行，使滑雪者顺利通过转弯处。在不同的转弯区域，采用的技术方法都是相似的，需要对脚部的力量进行调整。

三、单板"U"型场地滑雪技术

基于国际范围内的滑雪技术动作在比赛当中的相关评分规定，实际的滑雪技术动作可以分为三大基础动作，分别是：基础滑行动作、空中花式动作、空中抓板动作，其中基础滑行技术涵盖了滑行、入槽、起跳、落地等技术动作，花式动作和抓板动作是空中完成的技术动作。

（一）基础滑行动作的关键技术

从单板"U"型场地滑雪的基础滑行动作进行分析，初学者在开始学习之前，首先需要明确单板上的站立姿势和站立方向。

1. 基础滑行动作的站立姿势

运动员的身体姿势是否标准和优美决定比赛中基础环节的评分，这就要求初学者在训练滑雪技术动作时，应当先规范自身滑行姿势。在选定站位之后，正确的姿势应当是双腿微微弯曲，身体轻微前倾，挺直背脊，抬头挺胸，目视前方以表示自信。同时，双手应当自然地放置在身体两侧。站姿优美，才能展现出运动员的风采。运动员在初学时应规范相应的姿势。此外，充分了解和掌握运动员站位转换的能力是提高技术难度的重要手段。日前，滑行技术可以概括为"两脚四刃"，即优势脚在前的前刃滑行、优势脚在前的后刃滑行、交换式前刃滑行、交换式后刃滑行。

2. 基础滑行动作的站立方向

一般以人们站在单板上时，左右脚哪只在前面为主进行区分。通常情况下，我国的运动员都是右撇子，人们在日常生活中都是以右手为主进行各项操作。因此，大多数人都会认为右脚在前更能控制好方向和滑行过程中的身体平衡。实际上，比赛并没有严格要求运动员用哪只脚在前进行滑行操作，因而练习过程中，初学者需要做的就是找到更适合自己的站姿方向。有时候会出现右撇子适合左脚在前进行滑雪操作的情况，这还需要在不断的练习中进行摸索，结合自己的习惯去选择站位。但是，从评委的主观意识上来看，左脚在前的分数普遍会比右脚在前要高一些。有些运动员会为了争取高分而去尝试改变站姿方向，这种方式其实不够科学，也容易引发安全性问题。运动员可以从其他环节的分数评定中追平比分，而且也不是所有评委都会以站姿方向来评分。

（二）空中花式动作的关键技术

1. 空中花式动作的分类选择

空中花式滑雪技术动作的种类有很多，一般比较常见的空中动作包括360°旋转、空翻等高难度动作，运动员不仅需要保证零失误，而且需要平稳落回地面。同时，空中旋转动作还可以分为顺时针旋转和逆时针旋转两种，可以根据运动员的站位进行区分。在开始空中动作前的站位姿势，是上一动作滑行方向的反方向，或优势脚站位的反方向站位就是一种典型的空中站位转换技术动作，这里还涉及是否有空中转体操作的环节。单板"U"型场地的滑道比其他滑雪场地的滑道要短，目前比较常见的规格为长120米、宽15米、深3.5米，平均坡度18°。在这种情况下，运动员能够在空中完成的花式表演动作也比较少，动作过多可能会导致没有表演完成就已经落回地面的情况，这时候很难及时掌握身体平衡，会出现安全问题。因此，空中花式动作有一个固定的流程，在学习相关技术动作时，只有按照操作流程进行，才能顺利完成比赛，具体的流程图如图7-1所示。

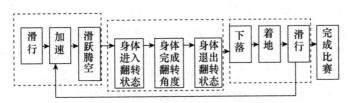

图 7-1　单板"U"型场地滑雪运动技术行为流程图

空中花式动作的练习一般以一到两个动作为宜，而这就涉及对动作的选择与动作的关键技术掌握的问题。通常运动员都会在比赛之前根据场地情况和自身能力挑选好所要表演的技术动作。正规的比赛当中会对不同难度等级的动作给予不同的分值上限，再根据运动员实际的技术表现情况进行评分。这就意味着选择高难度动作可以获得更多的分数，但需要结合自身的技术能力来做，要有十足的把握，在保证自身安全的基础上完成相应的滑雪动作。

2. 空中花式动作练习的关键技术要素

场地的形状与普通滑雪场地不同，其整体呈现出"U"型。因此，在实际的滑雪技术表演过程中还涉及空中滑行的部分，这也是分数差距的关键所在。运动员需要借助滑行的冲力控制滑板和身体完成空中的一些花式技术动作，动作的危险性比较高，同时受到地心引力的影响，运动员在空中会出现失重的情况，操控好自己的身体和脚下的滑雪板是保证自身安全的决定性因素，这就要求运动员自身具备高超的平衡能力。同时，在这个过程中还需要一些心理暗示。运动员必须要意识到，滑行、腾空是非常急促的转换，反复自我暗示可使心态更趋于平和，在短时间更好地达到"入静"的情绪状态；强调选手自我对滑行、腾空的体验，强化人与滑行、腾空运动合一的"动由心生"的呼应关系，在心理上与场地、情景有交流感和依托感，降低心理的紧张程度，对选手的心理状态能起到良好的暗示和动员作用。

（三）空中抓板动作的关键技术

1. 空中抓板动作的种类

滑雪过程中的所有空中花式动作都可以与抓板动作结合起来，抓板动作是在空中花式动作的基础上展现出来的一种更高难度的动作。在抓板动作当中，基于运动员抓单板的位置不同而有所区别，比较常见的是以身体前方站立腿的同侧手抓单板前端为主的前抓板技术。在这个技术动作当中，运动员需要保证抓单板的同侧手能够绕过自己的膝盖，并用力将单板向身体方向拉起，以此来配合空中动作的完成。这个过程容易出现一些安全隐患问题，必须要保证动作的规范性。在抓板时，运动员必须两腿伸直，这是保证平衡的关键所在。后抓板技术的抓板动作与前抓板正好相反，它是依靠于在身体后方站立腿的同侧手去抓单板尾端的一种技术动作。现阶段，运动员会采用双手同时抓尾板的方式来提高技术操作难度，从而获取更高的分数。

2. 空中抓板动作的关键因素

通常情况下，初学者在练习抓板动作的时候都会选择抓脚趾两侧的位置，这个位置比较容易掌握身体的平衡，也是抓板动作中的基础动作。初学者可以先在地面上反复练习如何去抓滑雪板。在实际进行空中抓板动作时，需要注意，空中的身体姿势与在地面的基本滑行姿势有比较大的区别，这时候运动员需要让身体尽量紧凑，以便于双手能够抓到脚下的单板。同时，身体的重心应当向后靠，借助身体在空中的惯性，在抓板的同时完成旋转或翻转的动作，然后平稳落地。一般教练员会将运动员的练习动作录制下来，并与运动员一起分析动作是否存在不规范的地方，从而有针对性地对动作进行优化和完善，帮助运动员完成技术动作的科学化训练。

第三节　滑雪运动注意事项

一、国际雪联（FIS）制定的十条安全规则

第一条：滑雪者不得侵害他人。
第二条：滑雪速度必须适合个人能力与实际状况。
第三条：在前面的滑雪者可优先通行。
第四条：如果有足够的空间，可以超越滑行。
第五条：如果开始助跑，滑雪者必须首先查看上坡的情况。
第六条：在能见度低的情况下，滑雪者不应停留在狭窄地段。
第七条：滑雪者在步行时应紧贴一侧。
第八条：滑雪者必须尊重雪道上的所有标记与记号。
第九条：在发生事故时，滑雪者必须责无旁贷地进行协助。
第十条：发生事故时，当事者必须互相交换姓名与住址。

二、滑雪需要遵守的安全守则

第一条：初到滑雪场时应先了解滑雪场的大概情况，记住地图上雪场设施分布位置，认清警示标志，严格遵守滑雪场的有关安全管理规定。注意索道开放时间，在无人看守时切勿乘坐。
第二条：注意滑雪时器材和雪道的安全可靠性。事先要检查好滑雪板和滑雪杖，包括有无折裂的地方、固定器连接是否牢固、附件是否齐备等。在滑行中发觉器材异常或道路情况不明时应先停下来，待辨明情况后再前进。
第三条：初学者应注意循序渐进，量力而行。在练习期间听从教练和雪场工作人员的指挥。在未达到一定水准时，不可擅自到对技术要求较高的雪道滑雪，以免发生意外。
第四条：应了解雪场的有关规则。如在停下休息时，要离开雪道，以免影响他人；滑降

时，不应撞着前面的人，否则将在事故中负主要责任。

第五条：出发前学习一些基本的保健知识和自救、急救常识。易冻伤的部位是手脚、耳、鼻尖等部位，应选用保温效果较好的衣物对上述部位进行保温。容易发生的创伤是拇指挫伤，易发生的疾病是胃疼、腹疼和雪盲。

三、滑雪者需注意的事项

（一）对场地情况进行了解

在进行滑雪前首先应询问并观察线路情况，对于场地危险地带、陡坡、特殊雪质、雪道有大的凹凸等应有一个大概的了解，做到心中有数，这样才有可能对滑行中出现的问题采取相应的措施，以减少意外事故的发生。

（二）掌握安全摔倒的方法

摔倒不一定都会造成外伤，而不正确的摔倒却与外伤有着非常密切的关系。错误的自我保护姿势可能导致严重的外伤。滑雪的摔倒是不可避免的，但危险的摔倒姿势是可以避免的。摔倒时一定不能向前摔、不能头触地、不能形成滚动。掌握安全的摔倒方法是有效减少损伤的一个非常重要的措施。

（三）做好充分的准备活动

滑雪前一定要先进行伸展运动，因为在滑雪的过程中可能会用到一些平时很少用到的肌肉，因而滑雪者一定要认识到准备活动的重要性，掌握准备活动的科学方法，养成运动前做好准备活动的良好习惯。越野滑雪是在寒冷的环境下进行的，准备活动时间应该长一些，可做一些专门性准备活动，把身体充分地活动开。

（四）正确调节固定器

固定器有自动脱开的功能，使得滑雪者损伤的比例大大减少，但是固定器调节不当可引起外伤。调节过强，即使摔倒后滚动，雪板也不能脱落；调节过弱，稍微用力雪板就脱落。这些都是容易造成损伤的原因。固定器调节的强弱要与滑雪者的基本情况相符，这是保证滑雪者安全的关键。

（五）滑雪者必须控制速度滑行

滑雪者滑行时必须控制速度，保证滑行中可以安全转弯与停止。滑行中要运用自己能控制的滑雪技术和方式，不可以超越自身技术水平。超越前方滑行者时，要给他人留足滑行空间。

第八章　户外拓展训练概述

第一节　户外拓展训练项目简介

一、户外拓展训练的定义

户外拓展训练是指参加户外运动的锻炼者利用身边的各种自然环境、自然资源和相关设施，进行切身体验，从中领悟户外拓展训练活动所蕴含的理念，并通过反思获取知识和改变自己的行为活动来培养良好的心理素质，进而提高综合能力的一种动态培训模式。

二、户外拓展训练的特点

（一）体验的真实性

户外拓展训练强调户外运动的锻炼者直接感受事物的发现和发展过程，积极发现或寻找真理，在实践中直接体验学习的意义，充分培养创新能力，追求真理的顽强精神，使个体思维得到全面拓展。

获得知识、掌握真理、认识世界的途径是多种多样的，既可以是间接的也可以是直接的，但不同的学习方式所获得的内容和结果是不一样的。传统教育突出书本形态的知识，注重对旧有知识体系的继承，强调学习的结果。户外拓展训练强调直接感受、学习的过程，引导受训者探索和解决问题，通过真实体验，扩展原有的学习空间。

户外拓展训练大多采用的是专门设计的具有挑战性的项目，都具有一定的难度，参与者在户外拓展训练过程中，面临着生理和心理极限的挑战。经受高难度的考验和超越自我可使一个个挑战极限的片段变成刻骨铭心的记忆。顺利完成课程要求以后，参与者可以体会到发自内心的成就感和自豪感，并获得人生中一次难忘的成功经历，从而产生无限的勇气和潜力。

（二）学习的主动性

户外拓展训练是将参与者置身于学习过程中，在自然、轻松、开放、善于接纳的状态下主动而有效地学习，为参与者的自主学习提供足够的时间和空间，使人的个性得到充分发展。

传统学科教育以知识体系为中心，老师和书本是科学和真理的代名词，具有很高的权威性地位，受训者以被动继承的"填鸭式"教育方式学习知识。人的个性的充分发展是现代人成才的重要前提。因此，户外拓展训练摒弃了传统的学习方式，将受训者放在教育过程的核心位置，为其自主学习提供机会和权力，充分尊重受训者在学习上的主体地位。

（三）高峰体验性

在户外拓展训练中，"高峰体验"的定义如下：高峰体验是进行某种技能学习或进行某种活动的努力过程中所获得的最高体验。马斯洛（A. Maslow）以心理健康的人为研究对象时，称"最满足、最幸福的瞬间为高峰体验"。马斯洛的"高峰体验"不仅是人的最高幸福时刻，而且带来个人对存在价值的领悟以及自我同一性的发现。当马斯洛向被测试者询问到底什么是"高峰体验"时，回答多种多样，但都回答有："重新认识了自己""在自己身上找到了自信和勇气"等。因此，马斯洛把高峰体验称为最肯定自我的一种体验，并认为人可以数次体验到这种高峰体验。

虽然马斯洛的研究对象都是心理健康的人，但实践证明：在参加户外拓展训练过程中，心理不正常的也能体验到这种高峰体验，称为"漂浮状态"（flate state），有以下特征：①在行动中有所察觉；②意识集中在某个特定的刺激领域；③自我意识消除、个人意识得到超越、体验到与外界的融合感；④意识到自己和所处的环境在改变；⑤产生始终如一的行动欲望和对人的行动的明确反馈；⑥对报酬的欲望消失了。

参与户外拓展训练活动会突然使人产生"自我感觉良好"的感觉，人们用"妙不可言的感觉""意想不到的神奇效果"等语句来形容高峰体验。高峰体验可以使每个参与者有机会去拥有自信和发掘潜能，强化每个受训者和团队之间的联系。

综合高峰体验的效果和户外拓展训练过程，可以发现户外拓展训练活动对人的性格改变也有很好的效果。通过强烈的体验，参与者在不经意间掌握了生存所需要的智慧。

（四）训练的系统性

户外拓展训练的所有项目都以体能活动为引导，进而引发参与者的认知活动、情感活动、意志活动和交往活动等，整个训练过程具有明确的、规范的操作流程，要求参与者必须全身心地投入。

（五）活动的团队化

现代社会是一个高度人际互动的社会，是一个团队英雄主义的时代。在这个生活节奏越来越快、社会分工越来越细、工作压力越来越大、人与人的情感交流越来越少的竞争环境中，企业、组织和个人更加需要团队。户外拓展训练融合了高挑战及低挑战的元素，使参与者无论是在个人或者团队的层面，都可通过危机感、领导、沟通、面对逆境和辅导的户外拓展训练得到提升，从而有效实现了团队的整体优势和优势互补。

知识和经验凝聚而成的智慧是人类最宝贵的财富。然而，有智慧的个体组成的团队，往往并没有表现出多高的"智慧"水平——经验不能有效传递，团队总是重复自己犯过的错误；对于事物的判断，成员常常陷入不同看法的争执，导致无法做出正确的抉择。生活是由经历组成的，每个人的生活都来源于个人阅历。要使参与训练的团队成员有效沟通、充分理解同伴的需求，并且齐心协力去实现同一个目标，应给他们制造一个远离日常工作环境的共同经历。户外拓展训练实行分组活动，强调团队合作，旨在使每一个参与者竭尽全力发挥个人能力，为团队争取荣誉，同时从团队中吸取巨大的力量和信心，在团队中展示个性。

（六）活动的自由化

户外拓展训练前，拓展教师把训练的内容、目的、要求以及必要的安全注意事项向参与者讲清楚，整个活动的操作、体验和总结都由参与者自行完成，充分给予其活动的自由。这样有效调动了他们在学习上的主观能动性，有助于增强参与者的信心，改善自我形象，克服心理惰性，磨砺战胜困难的意志，从而达到自我教育、自我完善的目的。

（七）活动的自然化

户外拓展训练的绝大部分课程都安排在清新舒适的自然环境，让参与者贴近自然，领悟人生。自然生态系统是世界上最复杂的系统，也是最善于保持平衡、适于发展的系统，感受其中的规律并应用于生活实践，正是人生的最高境界。

（八）强烈的个性化

个性是一个人在先天生理条件和后天环境的共同作用下，通过人的身心活动和社会实践而形成的，不同于他人的心理特质和行为特征。个性是普遍的、绝对的，没有个性就没有共性。个性最基本的特征是人格的独立性、积极性和创造性，个性塑造受先天因素作用、后天环境影响以及日常生活养成等方面的影响。

人的态度、精神、情感、价值观比知识、能力和技术更加关键，知识和技能可以依靠训练来提高，但前者的培养只能依靠养成教育。户外拓展训练在养成教育的前提下，充分尊重参与者的学习方式和活动过程的选择，不设立固定的目标和统一的结论，使参与者能以一种自然、平常的心态去面对那些不太容易面对的事。在学习教育的基础上，鼓励参与者自主选择、自主学习、自主评判，在与他人沟通协作的过程中培养和完善自己的价值观、人生观和世界观。

三、户外拓展训练的锻炼价值

（一）可以提高参与者的身体素质

户外拓展训练涉及各类形式多样、运动强度大小不一的活动项目，会对参与者的体质产生一系列的作用和影响。这种影响不仅能使参加训练的人的肌肉和骨骼得到充足的锻炼，而且在肌肉运动的刺激下，人体的血液循环加快，各神经系统得到全方位的调节，呼吸系统与循环系统的功能也能得到很大改善。因此，个人体质的增强与户外拓展训练紧密相关，并给拓展训练相关活动的组织实施提供方向性的指导。

户外拓展训练对强身健体有特别明显的作用。例如，增加人体蛋白质及糖原的储存量；使肌纤维变粗并坚韧有力，提高肌肉的韧性；有效地促进骨骼发育，改善关节功能；促进内脏器官机能的提高，使心肌增强，心壁增厚；加大肺活量，提高人体有氧工作能力和新陈代谢水平；通过参加户外拓展训练，提高人体神经系统的协调能力，改善神经系统调节功能。

（二）可以提高参与者的心理素质

户外拓展训练有助于提高参与者的自我效能感。自我效能是指一个人对自己能否成功地完成一项任务所持的信心和期望以及对自己能否成功地完成一项任务所具备的潜能的认知。[①] 自我效能可以从接受的挑战、努力的程度和坚持的时间体现出来，并影响着人们的认知过程，进而影响人们的动机。户外拓展训练促使心理功能的积极转化，提高自我效能。拓展训练是一个安全的、充满真诚并富有挑战的大冒险营，通过设定特殊的环境和气氛，使学员在不断战胜内心恐惧及压力的过程中，提高情绪调节和自我控制的能力，保持平常心，完善自我，不断塑造冷静、果断、坚韧不拔的优良心理素质。

户外拓展训练通过活动与游戏的方式让受训者融入学习当中，激发了其浓厚的学习兴趣，而兴趣对认知和技能形成的过程有着重要的影响。兴趣与快乐相互交替作用，能进一步提高受训者学习的积极性，引发良好的学习情绪，使其变被动学习为积极主动地追求，并促使受训者主动迎接困难、挑战自我。

当受训者克服重重困难，成功达到户外拓展训练的活动要求后，所取得的成就得到了自己和他人的认可，就会产生一种发自内心的胜利感和成就感，这种感受来源于自身潜能被成功发掘后的激动与喜悦。这种成功的体验是一种超越任何功利之上的纯粹体验，它伴随着强烈的自我成就感，感觉到了自我的存在、自身的价值，这种体验是人成长与成功的一种质变和升华。

户外拓展训练过程中，成功的鼓舞和失败的磨砺会使每个学员在不同的体验中准确了解自身能力，豁达地看待生活中的成就与挫折，客观认识和评价自己，充分发挥自己的潜能，提高自信心和承受压力的能力，培养和提高良好的心理素质。

（三）可以增强参与者的社会适应力

社会适应能力是指用所学到的书本知识适应工作实际的主动性，也包括融洽地协调人际关系和适应社会环境的能力。实践表明，在工作中经过户外拓展训练的人，比那些没有参加过户外拓展训练的人能够更好地完成工作任务，其社会适应能力明显比后者要强。

通过开展一系列的团队活动项目，户外拓展训练使每位受训者全身心地投入活动当中，更加融洽地与他人合作，无私奉献，为他人创造便利条件，共同实现目标。这样，广大受训者在不知不觉中经受了团队精神的感染和熏陶，培养和提高了自己的团队协作能力。户外拓展训练以"团队协作"的方式使学员领会到为人处世的道理，并通过切身体验锻炼受训者的社会适应能力。

户外拓展训练结合了现代教育学、心理学、体育运动学等多门学科体系，通过在各种自然和人工设施中所设计的多种新鲜、巧妙、刺激的活动项目，可达到以下目的：帮助受训者减轻生活、学习和工作上的压力，调节心理平衡；增强自信心和感染力，更好地开发个人潜能；培养应对压力与挑战的自控能力；培养求知精神、强化创新意识；强化竞争意识，鼓励学员准确把握时机，成就一番事业。户外拓展训练的项目内容各异，有助于受训者培养各种兴趣，有了广泛的兴趣和爱好，就会更多地接触社会，接触他人，协调人际关系，扩大社交范围，更好地

---

①李金芬，周红伟. 拓展训练 [M]. 北京：中国水利水电出版社，2010：2.

克服孤僻、自闭等不良心理情绪，忘却烦恼和悲伤，提高社会适应能力。

（四）可以达到寓教于乐

体育素质是指人在社会活动中所需要的体育文化素质、体育心理素质、体育道德素质和人的身体素质的总和。户外拓展训练作为体育运动的一项基本内容和提高体育素质的手段与方法，是体育文化系统中的主力军，是体育学研究的重要对象。

当前社会已经步入了科学化、自动化、信息化的时代，人们繁重的劳动量日益减少，工作时间不断缩短，闲暇时间越来越多，丰富多样的体育活动已成为人们提高生活质量、满足个体需要的高级精神享受和追求。随着社会的不断进步，人们对体育活动的内容、手段和方法提出了多样化的要求。户外拓展训练以自然环境、自然资源和特定的人工设施为依托，体能活动为引导，心理挑战为重点，极限要求为条件，完善人格为目标，寓教于乐，使人们在各类感兴趣的体育运动中，达到更好地完善自我、改造自我、适应社会需要的目的。

第二节　户外拓展训练的发展状况

一、户外拓展训练的起源

据有关文献资料记载，户外拓展训练源于一个真实的故事。在第二次世界大战时，大西洋上很多船只由于受到攻击而沉没，大批船员落水，由于海水冰冷，又远离陆地，绝大多数船员不幸遇难，但仍有极少数的人在经历了长时间的磨难后得以生还。当人们了解了这些生还者的情况后，发现了一个难以令人置信的事实，这些生还者不是人们想象的那些身强体壮的年轻小伙子，而大多数是些年老体弱的人。经过一段时间的调查研究，专家们终于找到了答案：这些人之所以能够活下来，关键在于他们有良好的心理素质、强烈的家庭责任感和求生欲望、良好的团队协作精神和沟通意识。当遇到灾难的时候，幸存者首先想到的是：我一定要活下去。在他们的心中，想得最多的是：相信自己能找到办法，努力让自己镇定下来，主动与别人合作，想办法求救或自救。而年轻的海员可能想得更多的是：我怎么会这么不幸，这下我肯定要完了，不能活着回去了。他们只顾及自己，过早地失去了求生的意志和信心，无谓地浪费了太多体力，结果未能在海难中成功脱险。

户外拓展训练的创始人是德国著名的教育学家库尔特·汉恩（Kurt Hahn）博士，他热衷于海员幸存者的研究，并将研究成果应用到生存训练中，培养人们在灾难发生时成功脱险的能力。户外拓展训练本意为"出海的船"，是船只出发以前召集所有船员上船的旗语。现在，户外拓展训练作为一种学习方式的名称，被越来越多的人接受，并在教育领域诠释为一艘小船驶离平静的港湾，义无反顾地奔向未知的旅程，在不断发现新的机遇的同时，迎接一次次的风险与挑战。

1886年，库尔特·汉恩出生在柏林一个有地位的犹太家庭，他的父亲是一位有名的实业家，母亲是一位极富艺术气质的美丽善良的女人，八个孩子中，汉恩是三个男孩儿中的长子。

汉恩自小就有做老师的天赋，夏天，他常常和一群青年伙伴坐在帐篷里，给他们读许多有关英雄探险的书，还带领伙伴们到地理位置特殊的地方远足。19岁那一年，在烈日炎炎的一天，汉恩光着头去划船，结果导致严重中暑，太阳灼伤了他的小脑，威胁到了他四肢的正常功能，为了治疗身体，汉恩在阴暗的房间里待了一年。这段时间他孤独地住在英国牛津，为了让这种几乎足不出户的生活变得丰富一点，同时磨砺自己的意志，汉恩设计出成套的体育活动自己练习，原地跳高是他练习的最好的项目，据说还打破了当时的纪录。

在那段时间里，他还学习了柏拉图、罗素、歌德、裴斯泰等人的很多作品，并从书中开始了一些自己的思考。

18 世纪的大学，学生学医从解剖开始，学农从种植开始，学哲学从辩论开始，一切知识都源自亲身实践，经验来自切身的体验，只有亲身体验，才能拥有持久的记忆，甚至终身不忘。

后来，汉恩构想着将来建一所学校，以从"做"中"学"的理念来实现他的愿望，他希望在这个学校里，思想和行动不再分离，这些思考对他后来的伟大成就有着深远的影响。

汉恩先后读过几所大学，1910—1914 年他在牛津大学读书，从牛津毕业那一年的 8 月 1日，他离开英国返回家乡。两天后，英国对德国宣战。战争期间，汉恩担任了一系列的外事官员职位，他也因此成为一名极具影响力的人。

战争结束时，汉恩成为巴登的马克斯亲王（德国最后一位皇家高级官员）的助理。他们两人对柏拉图的教育理念有着同样的热情，1920 年，马克斯亲王和汉恩合办了一所招收男女生的寄宿学校，汉恩担任校长，这就是萨拉姆学校（Salam Schule，Salam 有时写作 Shalom、Salaam 或 Peace），又叫和平学校，这就是汉恩在七年前就曾构想过的学校。

由于汉恩犹太人的身份和他的社会活动，德国独裁者想要对他实施谋杀，在挫败了这个阴谋后，汉恩继续与之斗争。在 1933 年 2 月的大逮捕中，汉恩入狱，这让他的英国朋友们感到很震惊，当英国首相拉姆齐·麦克唐纳做出官方抗议后，汉恩得到释放，并于同年 7 月启程到了英国。此时的他已是一无所有，就连斗志也全然不见，直到和他的另一位朋友——马尔科姆·道格拉斯·汉密尔顿爵士一起参观了在戈登思陶恩空着的急需修缮的城堡，并且觉得这是一个重建他的理想学校的合适地点后，汉恩才又恢复了斗志。

1934 年 4 月，戈登思陶恩作为一所男校被建立起来。但发展并不顺利，起初只有两个学生，不过这并没有动摇汉恩的决心，由于此后的继续努力，这所学校就成了一个远近驰名的学校。9 月就有了 21 名学生，此后，学校的招生人数稳步上升。

汉恩认为学生们在以往的学校教育课程中的发展是不充分的，必须给予学生一个自由展示自己的场所。因此，他设立了"Moray Badge 奖"，规定只要具备以下四个条件的学员就可以获此荣誉。

（1）在某种运动中获得优异的成绩。

（2）有到海上或陆地进行探险活动的经历。

（3）努力钻研掌握某种特殊的技能或热衷于某方面的调查研究工作。

（4）乐于参加社会公益活动。

1938 年，汉恩获得了英国国籍，他呼吁英国战争委员会在部队中实行一种训练方式，这种训练能够在几个月里让英国步兵在耐力、勇气和自卫能力方面都不逊于德国士兵。第二次世界大战爆发后，戈登思陶恩学校被英国部队征用，搬迁到了威尔士营部。

1941 年，汉恩在戈登思陶恩的大亨劳伦斯·霍尔特（Lawrence Holt）的帮助下，在威尔士的阿伯德威新建了一所学校，命名为 Outward Bound 学校。学员要在这里进行为期一个月的学习课程，内容大致包括小船驾驶训练、用地图和指北针跨越乡村的越野训练、须达到合格标准的体能训练、海上探险、穿越山脉的陆地探险、救援训练以及当地居民的服务活动等。学员通过在沙漠、海上、山谷等自然环境中的一系列训练课程获取生动的体验，并在体验中使自己的身体素质、事业心、韧性以及团队协作能力等得到锻炼和提高。

此后，户外拓展训练学校一直在发展，但始终围绕着汉恩和霍尔特的基本办学宗旨，即在各种自然环境下，获得挑战的深刻体验，并通过这种切身体验建立对个人价值的良好认知，而整个学员组也会从中意识到人与人之间应当互相依靠以及要懂得关心和帮助处于困境和危难中的人。

有趣的是，在汉恩和霍尔特办学之初，学校的命名让两人花了不少心思。后来，霍尔特为学校起名户外拓展训练学校，但汉恩却不太喜欢这个名字，甚至一度想更改校名。但是，户外拓展训练具有特殊含义，这使其声名远扬，并最终成为体验式学习模式的正式名称。

二、户外拓展训练的发展

（一）户外拓展训练在国外的发展

第二次世界大战结束以后，库尔特·汉恩创立的户外拓展训练学校发展的规模也日益壮大，学员中不但有年轻的海员，还有工厂的学徒、消防员、警察和军校学员。1946 年，Outward Bound 信托基金会（Outward Bound Trust）在英国成立，目的是推广 OB 理念并且筹集资金创建新的 OB 学校，OB 信托基金会拥有 OB 的商标，掌握着该商标使用许可证的发放。

1951—1952 年，美国人乔什·曼纳（Josh L. Miner）来到戈登思陶恩任教，受到汉恩的理念和 OB 前景的启发，意识到美国也有必要建立 OB 学校。1962 年，科罗拉多 OB 学校在乔什·曼纳等人的努力下正式成立，并于 1963 年正式从 OB 信托基金会获得了许可证书。1964 年 1 月 9 日，组成 OB 法人组织（Outward Bound Inc.）的文件在美国起草，法人组织最初的创立者是小威廉·考芬牧师、约翰·开普、艾伦·麦克洛伊夫人、乔什·曼纳和小约翰·斯蒂文斯五人。随后的几年间，OB 学校在世界各地不断成立，实践着 OB 理念。OB 组织也逐渐发展成为 OB 国际组织（Outward Bound International Inc.，简称 OBI），目前其办公地点设在美国犹他州的德雷伯市。

OB 国际组织下属的 Outward Bound School（简称 OBS）已经遍布全球五大洲，共有 40 多所分校，这些分校都秉承了汉恩的教育理念，受训人员包括学生、家长、教师、企业员工和各级管理人员。

OB 在得到认可之后，慢慢地被教育系统的人士所关注，他们派了很多教师和学生参加体验活动，主流教育学校和 OBS 进行了各领域的合作。有一段时间，OBS 在普通学校中也设立了一些分支机构，并被称为"学校中的学校"。Outward Bound 在许多教学研究人员的关注与研究下，理论更加丰富，课程体系日趋完善，并且将学习规律回归到体验式学习，在其他学科和不同领域内大胆地结合与使用，取得了很好的效果。

在对 OB 的研究与运用中，以其为基础产生了许多衍生课程，其中影响力较大的有 PA、EL 外展训练和以问题为本的学习 PBL 等，这些课程在得到认可的同时，也得到一些国家教育机构的帮助，在实践推广的同时，相关的理论研究水平也得到了同步发展，各种论文和研究专著的不断发表使其获得了更多的理论支持。尤为重要的是，OB 促成了户外体验式教育领域的兴起，也是中国的体验式教育和拓展训练兴起的根源。

在亚洲地区，新加坡最早建立了 OB 学校，此后中国香港、日本先后引进了这种体验式教育的课程模式。由于它适应了人们所处的时代对完善人格、提高素质和回归自然的需要，参与者络绎不绝，他们共同见证了 OB 带来的令人震撼的学习效果。参加此类课程也成为现代人生活的时尚标志，近几年来一直保持着不断升温的发展势头。

（二）户外拓展训练在国内的发展

1999 年，香港外展训练学校在广东肇庆建立了外展训练基地，这是该训练组织下属的内地第一个拓展培训基地。

1995 年，以"拓展训练"命名的体验教育模式整合改造后，进入中国内地，由刘力创建的"北京拓展训练学校"是最早开始在内陆进行体验式培训的训练机构。到今天，户外拓展训练进入我国内陆已经有许多年了，当初的北京拓展训练学校已发展成为在全国各地拥有许多家分支机构和众多的拓展培训基地的人众人教育集团，每年参加拓展训练的人数都在不断上升，全国累计培训量已突破 150 万人次，服务的企业突破 30000 多家，成为国际上培训总人数最多的体验式培训机构之一。

户外拓展训练自传入我国以来，在短短的二十几年间，户外拓展训练如雨后春笋般在全国范围内蓬勃发展。随着国内拓展训练的普及和蔓延，参与培训的单位也由最初的外企、MBA 学员发展到国企、事业单位乃至乡镇企业，参训学员包括高层领导、基层员工以及新员工。从 1995 年拓展训练开展至今，列入世界五百强的跨国公司，如花旗银行、惠普、爱立信、IBM 等都开始把这种培训作为培训课程的基本内容。

在近几年的发展中，拓展训练课程内容和活动项目也日渐完善。原有的传统项目已不能完全满足客户的需求，通过众多培训机构和教师的研究探析，课程内容不断丰富。在保存传统拓展训练中经典项目的基础上，结合野外活动、室内活动项目，开发出了许多新型的项目，有的拓展培训机构已开始把年会、体育旅游活动作为新的活动项目。

第三节　户外拓展训练的理论基础

一、成人教育学理论

户外拓展训练的一个重要的理论来源是成人教育学。由于参加户外拓展训练的受训者大多是成年人，组织这种培训需要考虑成年人学习的特点和规律。成人学习主要有以下特征。

（1）成人的行为在很大程度上随内部和外部的压力而变化，因而成人可以不断地从自己的生活经历中学习。

（2）成人的认知结构（或对事物的看法）对其自身的学习有很大的影响，这种认知结构主要来自他们过去的经验。成人的学习效果来自他们对问题的理解和分析，而这种理解和分析离不开生活经历、工作经验和认知水平。

（3）成人需要在一个安全、被接纳的、具有支持的环境中学习。他们过去获得的经验需要被认可，并能够在学习的过程中得以充分利用。

（4）成人学习的目的往往是解决当前的问题，满足自己的需要。因此，他们喜欢看到自己的工作成果，因而需要拓展教师不断地对学习的进度进行监督，提供反馈。

（5）与儿童相比，成人学习更具特异性，个体之间的学习习惯和学习方式具有较大的差异。

二、学习转移理论

户外拓展训练真正的价值或效能是让受训者把在活动中所学到的经验应用到未来的工作和生活中，称为学习转移或转移。户外拓展训练学习转移理论主要有三种，可用以解释为何在户外拓展训练中的经验可以转移至日常学习和成长中，即特定性转移、非特定性转移和隐喻性转移。

（一）特定性转移

当学习者将初始的学习经验转移应用到与其相类似的情境当中，心理学家称此现象为特定性转移，它也是习惯的延伸和联系。例如，个人在活动之初，学习到如何将绳索套到木栓上，在学习应用绳索的过程中，养成了确保安全的习惯，这样在面对攀岩垂降时，就能应用手部技巧做刹车的功能。

（二）非特定性转移

学习者不以技巧基础，而是将原先的知识经验转变成普遍化的概念，运用到另一新的学习环境。例如，受训者在背摔的活动中，学习到"给"和"取"的关系，彼此相互支持，培养信任感。当受训者面对生活中的环境时，就能将上述的美好经验实际应用在同伴或同事间，发展信任的互动关系，建立高效能的团队。

（三）隐喻性转移

此一转移同样需要学习者将某一情境中的学习经验普遍化至另一情境中，但在这一理论中，被转移的原意是相似的或者是隐喻的。例如，两人在做双人天梯时，学习到彼此动作要如何协调、有默契，目的一致的重要性，但做天梯的经验和实际的生活经验不完全一致，而是相类似，这就将经验转移应用到了企业团队的分工合作上。

决定是否为隐喻性转移的主要因素，是介于隐喻性情境和真实情境结构相同的程度的高低，如果学习者相似的程度高，那就是彼此互为隐喻性经验。

运用学习转移理论，最常犯的错误之一就是缺乏学习转移计划。要有效地发挥其效用，就必须有计划的评估和规划。而且不只是选择合适的理论，还需选择能增强转移的技术和活动。此种技术有很多种，如何选择，必须根据此种技术是否能转移特定计划目标以及根据规划者所采用的转移理论而决定。

十种在户外拓展训练中能运用的学习转移技巧如下所述。

第一种：在课程、方案、学习活动实际实施之前，先规划转移的条件。有些步骤可以增加在户外拓展训练中的学习转移。例如，参与者先确认、发展和建立改变意愿的承诺，对自我的学习经验设定目标，使其能够创造学习转移的坚定承诺，然后基于受训者的能力而设定适当的活动。

第二种：创造和未来学习环境可能发生的与要素相似的环境，如此才有可能达到正向的学习转移。

第三种：受训者在系列项目的进程中需要寻求练习学习转移的机会，因为此时是最佳的学习时机，能够得到团队成员最及时和强烈的支持和反馈。

第四种：促使学习的结果自然发生，不要人为干预。拓展教师太多的介入以及用外在动机作为诱因，会降低其学习转移的效果；内在的动机会让受训者更愿意承担学习责任。

第五种：提供受训者方法能内化自己的学习经验。通过自我察觉和省思，并将之用口语表达出来，可增加转移的效果。另外，使用隐喻或是独处的方法可协助受训者认定他将在未来如何运用这些经验。

第六种：邀请过去有过成功经验的受训者来参加户外拓展训练，借着良好的学习典范，使受训者有所预想和期待。

第七种：邀请对受训者而言有重要意义的他人一起参与活动。例如，重要的朋友、父母、咨询员、社工人员、老师等。

第八种：尽可能让受训者负担更多的责任，如此不仅可增进受训者的动机，而且能激励其在未来的实践中运用以前所学。

第九种：强化有助于实现学习转移的效果。常用的学习转移技巧有进化、分享讨论和催化等。在活动过程中，尽可能地分享、讨论、回顾，而不只是在活动结束前才进行。

第十种：提供受训者能持续追随的经验，帮助学习转移。当受训者开始将其经验转移时，要追随活动（如持续性的沟通、学习的决定、过程的选择和反馈）的出现，这会增强其转移的能力。

通过以上的描述可知，经过有效的规划与安排，户外拓展训练可以使参与者将活动过程中所得到的经验，经由学习转移理论运用到未来的学习与工作中。

三、其他相关理论体系

（一）心理学是进行户外拓展训练的前提

在户外拓展训练中，受训者参加的都是事先制定好内容与规则的活动，这些活动已经将可能出现的心理问题提前设计好，参与活动的受训者自然会表现出不同层次的体验。例如，信任背摔是户外拓展训练中最经典的项目之一，这个项目的内涵就是让受训者充分体验信任的重要性，了解"看"和"做"之间的心理差别，感受突破心理极限和挑战自我的意义，进而在讨论分享环节中，让受训者意识到在日常生活中，许多事情不能做或做不好的原因并非"不能"而是"不敢"，关键在于心理素质。类似的项目还有空中抓杠、高空断桥、天梯等经典团队项目，这些项目也是通过让受训者首先突破个人心理障碍，再回顾整个突破过程，对个人、团队、成功等有所顿悟，进而实现改变自身行为的目标。

（二）领导学是户外拓展训练的重要组成

领导力训练是户外拓展训练中的重要组成部分。当今时代，面对国际竞争、社会变革、信息技术等诸多挑战与机遇，无论是否身处领导者的位置，都要具备一定程度的领导力。

我国早期的户外拓展训练，主要的培训对象是企业的中高层领导，目前大多数培训机构也都将领导能力的培训作为主要的项目。户外拓展训练能有效提高领导能力，但这种训练并不是专为领导者而设计。即使没有处在领导者位置，也可以了解一些领导学的知识。因为领导力可以使人从宏观和大局出发看待问题，有助于在从事具体工作时做到深谋远虑；领导力也可以使人用一种系统的、双赢的心态面对更加复杂、多变的世界；领导力还可以使人在关心自我需求的同时，对自己与他人的关系给予更多的关注，并试图通过不断的沟通，寻求更加平等、坦诚、合理的解决方案。

（三）管理学是户外拓展训练的主要内涵

户外拓展训练活动的组织会涉及很多管理学的知识，受训者以团队为单位去完成高难度的任务挑战。有团队存在就一定有管理存在，有管理就自然会有管理者或领导者。例如，寻宝之旅项目就需要有领导者、管理者，在寻宝开始前，需要领导者进行会议组织，鼓励每个组员踊跃发言，共同讨论出一个详尽的寻宝方案。领导要合理安排人手，使组内成员各司其职，避免在寻宝过程中出现混乱和资源浪费的情况，力争用最少的时间完成任务。领导者在活动中的统一组织、协调对最终的成功起到关键作用，同时也要求小组所有成员具有良好的执行能力，主动服从领导者的安排。在孤岛求生的项目中，把"盲人岛"的角色与人物定义为基层管理者或者基层人物，"哑人岛"的角色与任务定义为中层管理者，"珍珠岛"的角色与任务定义为高层管理者或领导层。这样，不同层级的受训者在完成项目时也会有不同的工作重心，各自也将担负不同的职责，高层管理者负责全局的统筹与制订长期规划，中层管理者负责执行与实施规划，同时需要起到上传下达的枢纽作用，基层人员则需要积极主动、努力而有效率地完成具体的任务。在这个项目中，层级管理也是带给受训者的项目理念，不但要能够"向下管理"，而且同级之间的沟通、协调与决策也非常有必要。除此之外，在项目的支持下，根据受训者当时的感想，还需要强调"向上管理"，这也是管理的一部分。

在管理学中，"沟通"也是一个重要的组成部分。根据一份调查结果显示：团队普通成员每小时有 16～46 分钟是在进行沟通，而团队管理者工作时间的 20％～50％在进行各种语言沟通，如果把文字沟通，包括各种报告和 E-mail 加进去，会高达 64％。沟通对于个人、团队和组织来讲，既是一个必需的工作，也是一项持久的工作。在户外拓展训练中，沟通贯穿于整个团队活动。户外拓展训练专门针对沟通设计了一些项目，解手链、信息传递、盲人行路、交通堵塞、建绳房等都是以语言沟通为主的项目，无声的自我介绍、机器娃娃、生日序列等是以非语言沟通为主的项目，其难度更大。管理学认为，阻碍团队工作顺利开展的最大障碍就是缺乏有效的沟通，沟通之所以重要，是因为其无所不在。沟通的方式也多种多样，如谈话、开会、谈判等。

（四）组织行为学贯穿户外拓展训练始终

组织行为学是研究在一定组织中的人们的行为规律的科学，具体地说，组织行为学是对人类在组织中的行为、态度、绩效的研究。它是一门涉及多个学科的综合性学科，包括心理学及其各个分支、人类学、社会学等多种学科。参加户外拓展训练的学生存在于团队组织中，面临各项艰巨的任务，整个团队接受不同的项目挑战。

1. 团队与集体

（1）团队的定义：团队是指由员工和管理层组成的一个共同体，该共同体合理利用每个成员的知识和技能协同工作、处理问题、实现共同目标。

（2）团队五要素：目标、定位、人员、计划、权限。

（3）集体的概念：两个以上相互作用又相互依赖的个体，为了实现某些特定目标而组合在一起。集体成员共享资源，制定决策，帮助个体成员更好地实现个人价值。

（4）团队和集体的区别：团队和集体很容易混为一谈，两者之间有一定的区别，如表8-1所示。

表 8-1 团队和集体的区别

比较项目	集体	团队
领导	明确的领导人	分担领导权
目标	与组织一致	可自己产生
协作	中性/有时消极	积极
责任	个人负责制	个人＋相互负责
技能	随机的或不同的相互补充的	—
结果	个人产品	集体产品

2. 团队的影响

（1）团队所产生的积极影响

①调动个人参与决策的积极性，使决策更实际可行。

②提升组织的工作效率（改进工作流程和方法）。

③在多变的外部环境中，团队比传统的组织更灵活，反应更快捷。

④团队成员互补的技能和经验可以应对多方面的挑战。

（2）团队对个人的影响

①团队的社会辅助功能：有团队的其他成员在场，个体的工作动机更强烈，效率比单独工作更高。

②团队的社会标准化倾向：人在单独情境下，个体差异很大，而在团队中，成员通过相互作用和影响，如模仿、暗示和服从，久而久之会产生近乎一致的行为和态度，对事物有共同的观点，对工作有一定的标准，这就是社会标准。逐渐在生活和工作中遵守这一标准，整个过程

就是社会标准化倾向。

③从众压力：团队成员迫于某种压力，不知不觉在意见判断和行为上与大部分成员保持一致，这种现象叫从众行为。

④团队压力：当团队中的个人与多数人意见不一致时，团队会对个人施加阻止力量，使个体产生压抑感。团队压力是行为个体的一种心理感受。

（3）团队对个人的帮助

①团队成员可以相互影响。

②可以使工作压力变小。

③风险可以共同分担。

④团队成员的自我价值感增强。

⑤回报和赏识共享。

⑥所有成员都体验到成就感。

3. 团队的有效沟通

不良的沟通会给团队和组织的各方面产生很多损失，人际关系、团队士气、个人及团队的发展都会受到影响。

有效的沟通有助于团队的文化建设以及团队整体士气的提高。

团队有效沟通的原则主要有以下五个方面。

（1）提供准确的信息。

（2）双向互动的交流。

（3）取得一致的观点和行为。

（4）双方的感受都比较愉快。

（5）获得正确的结论。

除了上述学科，社会学、成功学等学科的知识都与户外拓展训练的理论体系有一定相关性。因此，在户外拓展训练的实际开展中，要将训练活动中的体验与相应理论有机地结合，切忌生搬硬套理论知识，以免弄巧成拙。

第九章　户外拓展训练项目实践

第一节　破冰沟通类项目

一、平衡箱

【项目概述】这是一个很好的破冰活动，有助于受训者在初次相识的时候，消除彼此间的距离感，为以后团队成员相互提供身体支持打下基础。

【人员要求】6~8人一组，全体受训者参与。

【时间要求】15分钟。

【场地器材】空地；箱子。

【项目目标】

1. 消除受训者之间的陌生感，加强彼此之间的亲近程度。

2. 培养团队合作意识。

3. 加强受训者之间的沟通与交流。

4. 活跃现场气氛。

【项目规则】

1. 将受训者分成6~8人一组。

2. 在空地上放几个箱子，保证每组一个。

3. 每组的一个队员先站到箱子上，其他队员再一个接一个地站上去，每一组所有的队员都要站到同一个箱子上。身体的任何部位都不能触到地面，哪一组的人被挤下去就算输。

4. 比比哪个组在箱子上站得最久，坚持最久的组即为获胜组。

【注意事项】注意高度，注意适当保护，避免队员受伤。

【分享回顾】

1. 当越来越多的人站到箱子上的时候，大家的感觉是什么？

2. 在行动之前，各小组都做了哪些准备工作？

3. 游戏结束后，都有什么样的感受，是否更加团结友好了？

【总结与评估】

1. 平衡箱需要紧密的身体接触，这是一个很好的破冰游戏，可以帮助受训者破除彼此之间的距离感，为以后的互帮互助创造前提。

2. 对于大家上去的顺序也要有所安排，要让瘦人先上去，胖人再上。

3. 破冰活动可以加强彼此间的沟通和亲密感，为以后相互帮助、共同合作完成任务提供了基础，也有助于活跃现场气氛。

二、百花争艳

【项目概述】本活动适合于一个团队刚刚形成之际，新学员的相互熟识有助于打破尴尬的气氛，消除拘谨情绪，增进彼此间的沟通。

【人员要求】30～50 人。

【时间要求】15 分钟左右。

【场地器材】空地；奖品。

【项目目标】

1. 新成员之间的相互熟识。

2. 团队合作精神的培养。

3. 沟通技巧的训练。

【项目规则】

1. 让所有受训者牢记以下 7 条口诀：牵牛花 1 瓣围成圈；杜鹃花 2 瓣好做伴；山茶花 3 瓣结兄弟；马兰花 4 瓣手拉手；野梅花 5 瓣力气大；茉莉花 6 瓣好亲热；水仙花 7 瓣是一家。

2. 让所有成员随意站立在指定的圈内，活动开始，拓展教师击鼓念儿歌，儿歌随时会停。当拓展教师喊到“山茶花”时，场内成员要迅速结成 3 个人的圈；当喊到“水仙花”时，要结成 7 个人的圈；“牵牛花”只要 1 个人站好就可以。凡是没有能够与他人结成圈，或者数字错误的，都被淘汰出局。

3. 圈内剩余人数为 5 人左右时，活动结束。剩余的为赢家，获得个人奖。

【分享回顾】

1. 经过这个活动以后，是否与新见面的受训者之间气氛更融洽了？

2. 对于人与人之间的交流来说，微笑和快乐有什么用？

【总结与评估】

1. 这个活动要求学员反应敏捷，动作迅速，记忆力好是前提。参与活动的人数比较多，难免会乱作一团，到时一定要相信自己。

2. 大家在玩乐的过程中可以增进彼此的友谊，加强沟通与交流，增进整个团队的互助精神，提高团队意识，为以后的合作打下良好基础。

三、平结绳圈

【人员要求】不宜过多，10～15 人。

【时间要求】15 分钟。

【场地器材】空地；长短不一的绳子若干条（依人数而定）。

【项目目标】让受训者迅速地熟识起来，相互配合，相互照顾。

【项目规则】

1. 拓展教师教会受训者平结（注意：平结是一种绳子的活结打法，节点可以任意伸缩）的打法。

2. 受训者将平结打好成一绳圈，放在地上，然后受训者将脚放在绳圈之内。

3. 拓展教师提醒受训者："你们的脚在绳圈之内了吗？确认安全了吗？"

4. 受训者确认之后，拓展教师说："开始换位"，受训者全部离开自己的绳圈并到其他的绳圈之内；三次之后，开始逐渐减少绳圈的数量，每次减少一个，并经常提醒学员"你们的脚在绳圈之内了吗？确认安全了吗"；要求所有受训者不得在绳圈之外（可能是几个人同时挤在同一个绳圈里）。

5. 只剩下一个绳圈的时候，所有人都站在一个绳圈里，不断缩小圆圈，直到所有人都紧紧挤在一起；游戏第一阶段结束。

6. 游戏第二阶段：拓展教师不断地将绳圈缩小至极限范围，并不断询问所有人有没有信心挑战极限。受训者不断地进行挑战，当到达极限的时候，往往会出现一些意想不到的结果。例如，有人会提出我们有没有办法寻找新的思路来挑战极限。记住，拓展教师要注意把握场上气氛，及时对受训者加以引导。如果受训者没有办法解决问题，拓展教师视情况将解决方法公布——所有受训者可以坐在地上，将脚放在绳圈内，就符合游戏的要求。

【分享回顾】

本活动分为两个阶段：第一阶段可从团队的角度挖掘活动的意义；第二阶段可从创新的角度挖掘活动的内涵。拓展教师要注意把握分寸，否则起不到教育的目的。

四、认识我

【人员要求】集体参与，分成两组。

【时间要求】不限。

【场地器材】场地不限；不透明的幕布一条。

【项目目标】这个活动意在使初步认识的队员再次彼此认识，加深印象。

【项目规则】

1. 参加的人员分成两队。

2. 依序说出自己的姓名或希望别人如何称呼自己。

3. 训练员与助理训练员手拿幕布，隔开两边成员，分组蹲下。

4. 两边成员各派一位代表至幕布前，隔着幕布面对面蹲下，训练员喊"1、2、3"，然后放下幕布，两位成员以先说出对面成员姓名或绰号者为胜，胜者可将对面成员俘虏至本组。

5. 两边成员各派一位代表至幕布前背对背蹲下，训练员喊"1、2、3"，然后放下幕布，两位成员靠组内成员提示（不可说出姓名、绰号），以先说出对面成员姓名或绰号者为胜，胜者可将对面成员俘虏至本组。

6. 活动进行至其中一组人数少于3人，即可停止。

【可增加难度】

1. 增加幕布前代表人数。

2. 让组员背部贴紧幕布，另一分组凭其轮廓猜出其姓名或绰号。

3. 在排球场进行这个活动，用海滩球互相投掷时，大声叫出对方队友的姓名或绰号，全部叫完前不可重复。

【注意事项】

1. 选择的幕布必须不透明，以免预先看出伙伴而失去公平性及趣味性。

2. 训练员要制止偷窥的情况发生。

3. 组员叫出名字的时间存在差距，训练员要注意公平性。

4. 组员不可离训练员太近，以免操作幕布时发生撞伤。

5. 成员蹲在幕布前，避免踩在幕布上，以免操作幕布时跌倒。

【分享回顾】

1. 大家如果接着把这个游戏玩下去谁会赢？谁会输？

2. 此游戏的设计理念是双赢。

第二节　团队信任类项目

一、信任背摔

【项目概述】信任背摔是一个非常经典的拓展训练项目，它可作为第一个训练的项目。此项目虽然风险较高，但如果操作规范，安全是可以得到保证的。

【人员要求】一般在 12～16 人，男学生不能少于 5 人。

【时间要求】90 分钟。

【场地器材】选择相对较软的地面；1.4～1.6 米背摔台，有扶梯和半角围栏；0.8 米×0.02 米的背摔绳一根，要求结实、柔软、摩擦力大。

【项目目标】

1. 培养团队内部的相互信任。

2. 增强受训者挑战自我的勇气。

3. 发扬团队精神，互相帮助。

4. 通过挑战，懂得合理突破本能的重要意义。

5. 感悟制度的制定与保障对完成任务的价值。

6. 培养受训者换位思考的意识。

【项目规则】

1. 台上的受训者：双手胸前交叉绑住，双脚并拢头部微含，身体保持紧张状态。脚后跟出台 1/3，发出口令："准备好了吗？"听到确切的回答后，大声数"1、2、3"后倒下来。

2. 台下的受训者：两两相对，双手平伸、掌心、肘窝向上，指尖触及对方身体，双臂自然微曲绷住，4 条臂膀平行交错，右脚前弓步，脚内侧与对面学生接近，上体保持正直，头向后仰，双眼盯住台上受训者的后背，相邻受训者双肩相靠，形成一个整体，根据受训者倒的方向及时调整。当台上的受训者发出口令后齐声回答："准备好了！"接住受训者之后，先放脚，帮助其站直。

3. 所有人员，取出身上所有硬物，长发受训者把头发盘在帽子内，戴眼镜的受训者要把眼镜取掉。

4. 队长安排人员，适当对疲劳的受训者进行调换。如有身体不适、体重过重，腰部疾病、高血压等症状，须事先告知拓展教师。

【注意事项】

1. 实际操作前，再次确认受训者是否按安全要点准备，并且让接人的受训者做好动作。拓展教师纠正他们的错误，一切就绪后，拓展教师走上背摔台，开始项目操作。

2. 在整个过程中，拓展教师多与受训者交流并注意观察如下情况。

（1）受训者是否紧张。

（2）台上受训者的动作是否安全、规范，并及时给予调整。

（3）台下受训者的动作是否规范，并及时给予提醒和调整。

（4）受训者的参与度。

（5）给予受训者足够的鼓励。

3. 反复强调安全，受训者倒下后，强调先放下脚，然后解开捆手绳，换下一个。

【分享回顾】

1. 让受训者体验到信任与责任。

2. 强调沟通的重要性，随时保证清晰有效的信息交换。

3. 体验规则、约束和自律的重要性。

4. 克服受训者的畏难情绪，体验团队的温馨。

二、风中劲草

【项目概述】本活动旨在帮助受训者建立彼此间的信任以及对团队成员的信心。相互之间的沟通是树立信任与信心的基础，一旦信任完全建立，就会感觉到团队的工作气氛是多么轻松愉快。

【人员要求】8 人一组为最佳，全体受训者。

【时间要求】15～20 分钟。

【场地器材】空地；不需要任何器材。

【项目目标】建立团队中的信任。

【项目规则】

1. 拓展教师让每组成员围成一个向心圆，自己站在中央来示范。

2. 拓展教师双手绕在胸前，做出以下的沟通对话：

拓展教师："我叫……（自己的名字），我准备好了，你们准备好了没有？"

全体受训者回答："准备好了！"

拓展教师："我倒了？"

全体受训者回答："倒吧！"

3. 这时拓展教师整个身体完全倒在团队成员的手中，然后团队成员把拓展教师顺时针推动两圈。

4. 在拓展教师做完示范之后，小组的每位成员都要试一试。

【分享回顾】

1. 该游戏最难的地方是哪里？可以怎样改进？

2. 在活动过程中，整个团队的合作精神怎么样？是否有信任感？

三、合力过桥

【项目概述】这是一个典型的个人挑战与团队相结合的项目，团队的支持起着至关重要的作用，想要成功，最佳的方法就是融入团队。相信队友，目标一致，相互配合，不怕困难才是获胜的关键。合力过桥经常作为团队建设初期的项目，让受训者投入其中，感受生活中的每一步都与许多默默支持自己的人分不开。

【场地器材】

1. 足够大的场地，能满足人员活动及保护的需要。

2. 专项训练架。

3. 长 25 米，直径 10.5 毫米的动力绳 2 根。

4. 丝扣铁锁 4 把，钢索 4 把。

5. 全身安全带 2 套、半身安全带 2 套，头盔 2 顶。

6.1 个 "8" 字环或 2 个 ATC，最好使用 8 字环。

7.2 条 60 厘米的绳套，足够数量的手套。

【学习目的】

1. 训练团队内部的相互信任。

2. 增强受训者克服恐惧、勇往直前、挑战自我和激发潜能的勇气。

3. 增强团队意识、培养面对困难时互相帮助的精神。

4. 培养受训者换位思考的意识。

5. 以积极的心态争取和获得前进的动力。

6. 挑战顺序与团队的组织方法的关系。

【布课过程】

1. 学习安全带、主绳、锁具和头盔的使用方法。

2. 保护组一同学习 "五步收绳保护法" 并要求主保护演示，每组有两位副保护。

3. 讲解拉拽吊板下方保护绳的方法，并且尝试以上方吊索为支点寻求平衡用力。

4. 安全要求的讲解，包括摘除饰品及佩戴的硬物，活动中的注意事项以及影响心理安全的沟通方式等。

5. 学员穿戴好保护装备，接受队友激励后，由地面通过扶梯爬到起点，做好准备，通过三块 30 厘米宽、不同长度、摇晃不平衡的吊板，其他受训者分组抓住吊板垂下的绳子，掌握平衡，让高空的受训者顺利通过。

6. 通过之后，从另一侧扶梯爬下，休息，直到下一位受训者挑战完成后，参加保护。

【安全要求】

1. 有严重外伤病史或有严重心脑血管疾病、精神病、慢性病及并发症或医生建议不适合做此类挑战项目者，建议不做此项目。

2. 摘除身上所有的硬物，穿安全带、戴头盔，连接保护点时要进行多遍检查，学会安全护具的穿戴方法和保护方法。

3. 保护受训者应该跟随桥上受训者，并在其相对平行位置的后方进行保护。

4. 拉绳受训者要有一名机动受训者备用，以防止个别受训者体力不支。

5. 拓展教师要通观全局，既要关注桥上受训者也要注意保护受训者的情况，当出现不合理动作时，及时提醒或叫停。

6. 严禁脚踩绳索，不得将锁具跌落在硬地上。

7. 拓展教师不得强求不愿参加者。

【项目控制】

1. 布课时，找最先挑战的受训者参与，边演示边讲解，语言精准，要点突出，逻辑清楚。

2. 鼓励所有的受训者参与挑战活动，确认不适合参加此活动的受训者的身体状况。

3. 受训者要有合理的轮换顺序，适当提醒桥上受训者积极努力，不在桥上停留太长时间，防止拉绳人员疲劳。

4. 密切注意保护受训者的器械状况及动作的规范性，观察并简单记录每一名受训者的表现，以便于回顾总结。

5. 合理使用不同风格的语言进行指导，激发受训者的挑战积极性。

【回顾总结】

1. 对所有学员给予鼓励，调动拉绳受训者的情绪，防止产生消极情绪。

2. 鼓励每一名受训者讲述感受并给予肯定，可以与现实生活联系进行分享。

3. 请受训者谈谈挑战前后的心理变化。

4. 自信和互信的分享。信任问题已经在生活中受到越来越多的关注和认可。

5. 团结合作与他人的帮助对完成任务的重要作用，只有全体受训者齐心协力，才能到达胜利的彼岸。引导受训者体会一个人成功的背后有太多人在默默地付出，成绩绝对不是一个人的。

6. 当够不到前面的吊索时，只有一边放开了，才有机会抓住另一边，可从中懂得取舍之间的关系。

7. 时间是完成挑战的重要影响因素。

第三节　团队合作类项目

一、船东和青蛙

【项目概述】小游戏蕴含着大道理，这个活动就是这样。虽然只是一个看似很容易的游戏，但也需要两个人的默契配合，否则是无法完成指定动作的。

【人员要求】偶数人一组，每次两人。

【时间要求】10分钟。

【场地器材】空地；纸箱；绳子；书夹。

【项目目标】

1. 团体合作精神的培养。

2. 团队合作能力的训练。

【项目规则】

1. 全员分成数队，每两人组成一组。坐在纸箱内的人想跳起时，另一人趁机拉动纸箱来进行接力赛。

2. 依照号令，一人坐在纸箱里，另一人拽着用书夹固定在纸箱里的绳子（长 3 米）的一端。

3. 拽着绳子的人，要趁着纸箱里的人跳高时，往前拉，如此继续前进。

4. 到达目的地后迅速换人进行接力赛。

【注意事项】要充分热身，受训者如果配合不好，纸箱中跳起的人就会摔倒受伤。

【分享回顾】

1. 这个游戏成功的关键是什么？两个人之间要怎样配合才能迅速完成任务？

2. 要想完成任务，除了需要两个人之间的完美配合外，还需要什么？

【总结与评估】

1. 两个人刚刚开始合作的时候，肯定有不尽如人意的地方，此时绝对不能互相抱怨，而是要不断磨合，调整自己，适应对方的需求，经过几次磨合以后配合默契了，也就能够快捷地完成任务了。

2. 本游戏除了需要两个玩游戏的人亲密无间的配合之外，还需要其他人时刻准备着，等待他们回来，然后接手下一轮任务。就像在一个集体当中，肯定有一部分人打前锋，还有一部分人做后盾，前锋固然重要，但后盾的力量也不容忽视。

二、悬空试验

【项目概述】一个团队在接到任务以后，要进行一系列的动作，计划、分配工作、沟通、合作，进而以成本最小、效益最高的方法完成任务，本活动可以充分体现这一过程。

【参与人数】12 人一组。

【时间要求】15 分钟。

【场地器材】空地；9 条绳子，9 根竹竿。

【项目目标】

1. 培养团队建设和团队合作精神。

2. 培养团队制订计划和解决问题的能力。

3. 锻炼团队的分工合作精神和能力。

【项目规则】

1. 拓展教师发给每个小组 9 条绳子和 9 根竹竿。

2. 每个小组必须在 20 分钟内搭建起一个架构，该架构可以让全体受训者同时离地 3 分钟。

【注意事项】注意竹竿和绳子的质量，要求离地距离不得过高并注意做好保护工作。

【分享回顾】

1. 小组是如何行动的？是先确定出一个可行的方案再行动，还是一边行动，一边寻找可行的方法，哪一种方法能更好地完成任务？

2. 在行动的过程中，是不是每个受训者都参与了整个过程？大家对于所要执行的任务是否有清晰明确的了解？

3. 大家的配合是否可以达到天衣无缝？如何改进？

【总结与评估】

1. 最好的建议来自大家的主动参与和集体的智慧，而不是某个人的主观意见，观望不能解决问题，大家必须都要参与其中。

2. 一开始的时候大家要有一个基本计划，以便朝着一个方向努力。但有必要的话，要在活动中随时调整，注意保持过程中的条理性和有序性，才能做到应时而动，动静自如。

3. 这是一个集体参与的游戏，彼此间意见不一、磕磕碰碰是难免的，除了要保持彼此间的容忍与合作之外，一开始就确定出每个人所扮演的角色也是非常关键的，比如谁是指挥者、谁是设计者、谁是实施者等。

第四节　挑战自我类项目

一、独木桥

独木桥是以个人挑战为主的项目，所有受训者都要从独木桥的一端走到另一端。它考验受训者在高空中努力控制自己的身体，保持镇定，勇往直前的精神。有时，困境不一定一闪而过，需要一步步走出。

【人员要求】14 人左右，最好不要超过 16 人。

【时间要求】85 分钟。

【场地器材】

1. 室外空地。

2. 组合训练架或专项训练架，桥面离地 8 米左右，桥体不短于 6 米，中间段粗 30 厘米，长直松木为佳，自然打磨光即可，离上方铁索 2.6 米。

3. 25 米长，直径 10.5 毫米静力绳 2 条。

4. D 型锁或 O 型锁 4 把，用于连接钢索（有滑轮可省），主锁 4 把，"8"字环 2 把。

5. 全身式安全带 2 条，安全帽 2 顶。

6. 80 厘米扁带 2 条，主锁 2 把，用于挂摘器械或备用。

7. 手套 4 副。

8. 可在面前铁索上连接一条主绳，以备受训者应急手扶（要求受训者戴手套），湿滑天气不做此项目。

【项目目标】

1. 克服恐惧，勇往直前，认识自我，挑战心理极限。

2. 自我说服与自我激励，鼓励他人和获取鼓励。

3. 体验在特殊情境下，脚踏实地地走出困境。

【项目规则】

1. 受训者要从木桥较粗的一端走向较细的一端，所有受训者共同学习头盔、全身式安全带的使用方法。保护受训者学习半身式安全带、"8"字环、主锁的使用与检查方法以及法式五步收绳法。

2. 先在地面演示并组织受训者模拟练习在一条直线上走小碎步。

3. 受训者穿戴好保护装备后，接受队友的队训激励。

4. 受训者通过梯子慢慢爬上距离地面 8 米的高空，沿桥面慢慢走到对面，沿梯子爬下。在桥面上不允许跑，手不允许拉拽身后的保护绳。

5. 受训者系安全带、戴头盔、连接上升器时，指定一名队友帮助，安排一名受训者负责检查，拓展教师最后全面检查一遍；前一名受训者在做项目时，拓展教师安排好下一名受训者做好准备，前一名受训者回到地面后，下一名开始挑战。

6. 拓展教师或受训者做主保护，后方要有两个受训者做副保护。

7. 保护人员要不断调整，确保绳的松紧适度，在上方受训者的侧后方 1 米左右随其移动，使保护绳不产生前后的明显拉力。

8. 特殊情况下，面前有一绳可扶，但不得拉拽借力过桥。

【注意事项】

1. 注意桥面上受训者的全过程，要不断给予鼓励。

2. 受训者如有严重外伤病史，或有严重心血管、脑血管及精神疾病，慢性病及并发症或医生建议不适合做此类挑战活动者，可以不做此项目。

3. 必须将安全放在首位，挑战者不得强求受训者。

4. 按照轮流挑战顺序对团队完成任务的影响分析做合理提示，不要将女受训者全部留在最后。

5. 受训者如果中途失去平衡，要收紧绳，尽量原地爬上木桥，可以下蹲扶独木桥，不要有跳起动作。

6. 长发受训者必须将长发盘入安全头盔，保护受训者不需要戴头盔。

【分享回顾】

1. 对所有受训者给予鼓励。

2. 鼓励每一位受训者讲述感受并给予肯定，完成不够成功的受训者与完成出色的受训者，可以联系实际生活讲述。

3. 当桥面越来越窄时有什么想法，准备往回走吗？

4. 为什么大多数受训者要求在相对安静的情况下完成挑战，自我激励的方法是什么？当时都想到了什么？

5. 集中注意力和注意力的转移对自己的影响。

6. "千军万马过独木桥"让人联想到什么？高考、就业、海选……

【总结与评估】

1. 按照受训者的分享要点，对已出现的理念而受训者并未讲清的部分给予补充。

2. 虽然有时看似路越来越难走，但走过去就是另一片天空，可以引用破釜沉舟的故事。

3. 分析互相激励与关爱对集体完成挑战的影响。

二、空中单杠

【项目概述】空中单杠是一个以个人挑战为主的项目，它属于高心理冲击的跳跃类项目，整个过程需独立完成。机会就在眼前，经过努力，纵身一跃抓向它，不管结果如何，都无怨无悔。

【场地器材】

1. 能够满足受训者开展活动及保护需求的场地和海绵垫，8～12米高的专项训练架。

2. 长25米，直径10.5毫米动力绳2根。

3. 丝扣铁锁4把，钢索4把。

4. 长的绳套2条，手套4双。

5. "8"字环或ATC2个，最好使用"8"字环。

6. 安全头盔2顶，全身式安全带和半身式安全带各2套。

【学习目的】

1. 培养受训者克服恐惧、勇于挑战的信心并在其中激发潜能。

2. 学习用积极的心态去争取并获得机会。

3. 增强团队精神，面对困难时互相鼓励，互相帮助。

4. 学会目标管理与自我说服。

5. 学习分析风险和把握能力的机会。

【布课过程】

1. 学习安全带的使用方法，了解主绳、锁具与头盔等安全设备的使用方法。

全身式安全带：在拓展训练的高空项目中最常使用，主要用于跳跃类项目。

半身式安全带：一般分为"短裤式"和"裹尿布式"，由于腿环和腰环所需大小不同，可分为全可调式和半可调式。拓展教师必须在开展活动前，向受训者演示使用方法，并要求将腰带系在髂骨以上。

胸式安全带：可以和坐式安全带结合使用，不得单独使用。

2. 全体学习"五步收绳保护法"并要求主保护演示，每组有两位副保护。

3. 受训者穿戴好保护装备，接受队友激励。由地面通过立柱扶手，爬到顶端，通过自己的努力，站到立柱顶端的圆台上，站稳后两手侧平举并大声地问自己的队友和保护员："准备好了吗?"当听到"准备好了"的回答之后，自己大声喊"1、2、3"，同时奋力跃出，双手虎口抓向单杠，完成之后松开双手，在保护绳的保护下，慢慢回到地面。

4. 至少6位受训者组成两个保护组。

【安全监控】

1. 有严重外伤病史，或有严重心脑血管疾病、精神病、慢性病及并发症或医生建议不适合做此类挑战项目者，可以不做此项目。

2. 摘除身上穿戴的所有硬物，系安全带、戴头盔，要进行多遍检查，指定一名队友帮助，一名队友负责检查，队长再做最后一遍全面检查。

3. 受训者攀登时，保护绳要跟紧，跃出时，要及时收绳。

4. 禁止戴戒指、留长指甲，长发受训者应将头发盘入头盔。

5. 跳出后不要抓保护绳索及主锁，用尼龙搭扣将身后的两根保护绳包裹在一起。

【项目控制】

1. 布课时找最先挑战的受训者参与，边演示边讲解，语言精练，重点突出，逻辑清楚。

2. 在"挑战基于选择"的基础上鼓励所有的受训者参与挑战。

3. "秋千杠"的距离应针对受训者身体特征适当调整。

4. 按照成功导向的方法进行鼓励和心理辅导。

5. 项目开展要因人而异，假如有学生脸色发白，呼吸急促，动作僵硬迟缓，两腿颤抖，呕吐或表现出呕吐状，两眼发黑不能见物，声称自己已无法坚持的，或因个人原因强烈抵触的，不要勉强其完成。对于有心脏病、高血压、脑血管病史的，不参与此项活动。

6. 拓展教师在设置保护点时，要合理确定两个保护点的位置，最好前后独自受力，这样不至于将受训者单摆到前后的柱子上，以受训者松手时，绳与上方保护点形成正三角形为佳。

7. 尽量由同组受训者进行攀爬，拓展教师关注保护攀爬者之间的协调过程。

8. 密切注意所有受训者的器械状况以及动作的规范性。

【回顾总结】

1. 对所有受训者给予鼓励。

2. 鼓励每一名受训者讲述感受并给予肯定，完成不够出色的受训者与完成出色的受训者可以联系生活实际谈体会。

3. 按照受训者的分享要点，对相对模糊的理念或受训者并未讲清的部分给予补充和提炼。

4. 从团队学习与团队发展角度，讲讲顺序、榜样以及激励。

5. 挑战前后的心理有什么变化？整个挑战活动中最困难或最害怕的是什么时候，为什么？

6. 机会的出现往往伴随着风险，等到没有风险时也许就错失了机会，你怎么看待这个问题？

7. 分享"冰山理论"，分析关于人的潜能问题，包括可激发出的显性潜能和隐性潜能。在海面上的冰其实只是冰山的一角，更大的冰山其实在海面以下。我们的能力也是如此，平时看到的和用到的大多是显性能力，而我们还有更多没有被发掘的潜在能力，这些能力通过激发可以表现出来，在需要时为我们提供帮助。潜能包括易于激发和难以激发两种，平常生活中，只要能够激发出那些易于激发的潜能就可以超越自我，生死关头需要激发各种潜能。

8. 在生活中，要积极向上，当有机会出现时，尽力去争取，只要我们努力过，不论成功与否，至少无怨无悔。

第五节　心理拓展类项目

一、岩降

【项目概述】本训练属于高空心理挑战的科目。挑战心理恐惧，体验与自己抗争以及成功的乐趣，让受训者重新认识自己，增强自信心。

【场地器材】10 米左右高的岩壁，动力主绳、静力绳、头盔、手套以及高空速降设备。

【训练目的】

1. 对自信心缺乏或懦弱者进行强化训练。

2. 岩降并不需要严格的专业技巧，但只要开始下降，就无法返回，必须克服恐惧与障碍，坚持到底，从自我激励、自我控制到超越自我，最终走向成功。

3. 在拓展教师的指导与保护下，利用绳索由岩壁顶端下降，体会从岩顶一步一步走向地面的感觉。

4. 感受高空坠落前的瞬间。

【训练步骤】

1. 宣布活动规则和注意事项。

2. 协助受训者穿戴安全装备。

3. 检查各项安全装备。

4. 岩降示范。

5. 第一名受训者开始岩降。

6. 第一名受训者结束后，更换受训者，直至第一轮结束。

7. 教练总结。

（1）下降前受训者的心理感受？有没有想过退缩？

（2）下降过程中受训者碰到了什么困难？

8. 在时间允许的情况下，可再做一次。

9. 游戏结束后，由教练带领受训者进行如下讨论。

（1）第二次下降时，是不是没有第一次那么慌乱了？为什么？

（2）面对困难时，平静的心理会起到什么作用？

（3）经过此次训练，受训者从中得到什么启示？心理有何变化和感受？

二、高空断桥

【项目概述】高空断桥是一个以个人挑战为主的项目，它属于高空类高心理冲击项目，整个过程需独立完成。"断桥一小步，人生一大步"浓缩了这个活动的精华。

【人数时间】

1. 人数 10 人以上，最好不要超过 16 人。

2. 项目完成时间：120 分钟。

3. 项目布课时间：10 分钟。

4. 项目挑战时间：70 分钟。

5. 回顾总结时间：40 分钟，其中项目分享回顾 15 分钟，总结提升 25 分钟。

【场地器材】

1. 室外：组合训练架或专项训练架，高 7~12 米（从避免身体伤害角度考虑，有时候越低越危险）。

2. 直径 10.5 毫米动力绳 2 条，连接后下垂，一根与桥上人员齐膝长，供拓展教师用；另一根至腰，用于桥上保护受训者。静力绳一根，与训练架高度相等或略长，用于攀爬保护的上升器引绳。

3. D 型锁或 O 型锁 4 把，用于连接在两条平行的钢索上（有安全滑轮装置可省），主锁 4 把。

4. 上升器 2 把（拓展教师可用主锁与 80 厘米长的扁带代替）。

5. 至少准备 3 条坐式安全带，3 顶安全帽。

6. 40 厘米应急扁带 1 条，雨天大毛巾 1 条。

7. 足球护腿板 2 副。

【学习目的】

1. 克服恐惧，勇往直前，认识自我，战胜自我。

2. 自我说服与自我激励，鼓励他人和获取鼓励。

3. 面对困难时的互助精神，培养团队意识。

4. 受训者的挑战顺序与团队内部组织方法的关系，从群体至团队的培养。

5. 认知心态对行动的影响，学会缓解心理压力。

【布课过程】

1. 大家一起学习安全带的使用方法，掌握头盔、主锁与上升器的使用方法。

2. 在地面演示并组织模拟练习在桥面上的完整动作。

3. 准备挑战的受训者穿戴好保护装备之后，接受队友的队训激励。

4. 利用上升器爬上距离地面 8 米的高空，空中有个断开的桥面，走到桥板的一端，两臂侧平举，然后大声问队友："准备好了吗？"当听到"准备好了"的回答之后，自己大声喊"1、2、3"，同时跨步跳到桥板另一端，单脚起跳，单脚落地，然后按同样的要求再跳回来。

5. 在桥面上不允许助跑，跳跃过程中，可以一只手轻扶绳子以维持身体重心，手不允许紧拽保护绳（有时候在受训者习惯手扶的位置打一个简单结，也是一个好方法）。

6. 每位受训者穿好保护装备后，在地面上进行试跳，一定要记住自己的起跳腿。

【安全监控】

1. 受训者如有严重外伤病史，或有严重心血管、脑血管及精神疾病、慢性病及并发症或医生建议不适合做此类挑战活动者，可以不做此项目。

2. 受训者系安全带、戴头盔、连接上升器时，指定一名队友帮助，安排一名受训者负责检查，队长再做最后一遍全面检查。

3. 一名受训者在做项目时，队长安排好下一名受训者做好准备，前一名做项目的受训者回到地面后，下一名受训者开始。

4. 不断提醒受训者将上升器始终保持在腰部以上的位置。

5. 上断桥后，拓展教师让受训者背靠立柱保护身体的内侧，并为其扣上保护绳主锁，摘去上升器连接的主锁，观察受训者的身体反应（一定要先挂后摘锁），再次检查受训者安全带、头盔的穿戴情况。

6. 拓展教师用绳与受训者用绳要理顺，分别连接在平行设置的各自钢索上，不要交错（将短绳即受训者用绳挂在前进方向的靠右侧的钢索上）。

7. 受训者下去时，先扣上升器的主锁，再摘保护绳的主锁。

8. 拓展教师可使用上升器爬升，也可用主锁与长扁带连接后，按照全程保护原则操作。

9. 在板端时，受训者应将支撑脚脚尖探出板端少许，果断跃出。

10. 如果受训者不敢过桥，拓展教师可先将其引至桥的一端，自己到另一侧引导过桥（如果受训者与拓展教师共用一根钢索时，慎用此法）。

11. 如果受训者在断桥的另一侧重心不稳定、摇晃、不敢前进，引导其放松、保持稳定的同时，拓展教师用背部靠住立柱，直到训练架不再共振为止。

12. 拓展教师必须戴头盔，受训者要戴足球护腿板。

【项目控制】

1. 项目布置阶段

（1）语言精练，突出重点，讲解清楚，及时反馈，确保受训者了解任务要求。

（2）鼓励所有的受训者参与挑战活动，确认不适合参加此活动受训者的身体状况。

（3）提示受训者互相帮助，确保护具穿戴安全。

（4）要认真观察女性、体胖、年龄偏大和不擅运动的受训者在地面试跳的距离，以便调整合适的板距。

（5）受训者跳回来时的收板距离不宜过大，应使其看到收板过程。

2. 项目挑战阶段

（1）观察受训者反应，利用心理学的辅导方式给予受训者适时、正确的辅导。

（2）按照轮流挑战顺序，对团队完成任务的影响分析做合理提示，不要将女受训者全部留在最后。

（3）受训者上桥时说："欢迎前来挑战"，对所有受训者给予鼓励。

（4）观察并简单记录每一位受训者的表现，便于回顾总结。

（5）合理使用不同风格的语言进行指导，激发受训者的挑战积极性。

（6）必须将安全放在首位，不得强求受训者。

【注意事项】对于脸色发白、呼吸急促、动作僵硬迟缓、双眼盯住木板、不敢看其他地方、两腿颤抖以及有心脏病、高血压、脑血管疾病史的受训者，要不断询问其情况，不得强求受训者完成。

【回顾总结】

1. 分享回顾阶段

（1）对所有受训者给予鼓励。

（2）鼓励每一个受训者讲述感受并给予肯定，完成不够成功的受训者与出色的受训者可以联系生活讲解。

（3）树立榜样与激励。

（4）相比在地上跨越的感觉和在高空上跨越的感觉，受训者的心态在其中起了什么变化？

（5）当受训者想要放弃时，是靠什么说服自己完成项目的？

（6）在激励面前，有人喜欢队友们的鼓励，以达到外在激励的作用，有人喜欢让自己处于相对安静的情况下，自己激励自己，没有对错之分，但合适的激励需要支持，假如你一个人参加这种活动，你会怎样做？

2. 总结提升阶段

（1）按照受训者的分享要点，对已出现的理念或受训者并未讲清的部分给予补充。

（2）时间是战胜困难（恐惧）的最好良药。

（3）人生途中，难免会出现困难和意外，用什么心态去面对，分享弗洛伊德与弟子过桥的故事（过桥开灯后，发现下面有蛇，部分人走回，再开灯后发现中间有安全网，要求留在对面的人走回，仍剩下一部分）。

（4）可以分享"断桥一小步，人生一大步"，讲述身边人面对"艰难"、渡过难关的相关故事。

（5）《影响世界的100个故事》之"穿越沙漠的河流"的故事分享。

（6）分享在断桥上曾经遇到过的特殊案例，表明努力之后的成就。

（7）分析团队的挑战顺序对集体完成挑战的影响。

【重点细节】

1. 受训者跳空失足的处理：拉近桥板，拓展教师帮助受训者爬上断桥；受训者可抓住保护绳或桥板，尽力向上返回断桥，避免受训者抽拉木板。

2. 受训者在桥面上受伤：请其他受训者协助联系培训主管，在确保安全的情况下，将其运送到地面，按照《红十字救护手册》要求、培训应急预案或拓展训练教研网上的方法进行合理处理。

3. 受训者不敢往前走：

（1）使用循序渐进的方法：抓住固定物深呼吸→抓住拓展教师的手向前走一步→松开拓展教师独自站立→独自向前移动→抬脚活动或小跳→转移注意力→自我鼓励或接受受训者鼓励→大喊"1、2、3"同时起跳。

（2）20 分钟仍无效果时，拓展教师应适当协助其完成。

（3）不要使用激将法，应给予极度恐惧者多些鼓励与人文关怀。

【同类项目】

1. 升降断桥：有较高挑战能力的受训者，可在安全保护下，在两台升降机牵引的平台间寻找机会来回跳跃。

2. 多向断桥：在四角各有一段木板的断桥间来回跳跃，上方应有固定保护点。

参考文献

[1] 董范. 户外运动史 [M]. 武汉：中国地质大学出版社，2020.

[2] 李纲，张斌彬，王晶. 户外运动技巧 [M]. 青岛：中国海洋大学出版社，2019.

[3] 李元. 户外运动风险管理 [M]. 武汉：中国地质大学出版社，2019.

[4] 孟令滨. 大学生户外运动教程 [M]. 哈尔滨：东北林业大学出版社，2018.

[5] 蒙睿，熊剑峰，胡文琨. 云南户外运动旅游发展规划研究 [M]. 北京：中国旅游出版社，2018.

[6] 刘晓燕，高誉松. 户外运动拓展与荒野生存探险 [M]. 北京：北京工业大学出版社，2018.

[7] 兰大卫. 户外运动 [M]. 北京：北京体育大学出版社，2017.

[8] 胡达道. 红色资源与户外运动 [M]. 南昌：江西高校出版社，2017.

[9] 刘文涛，刘亚. 户外运动 [M]. 北京：北京体育大学出版社，2016.

[10] 陈杉杉，汤澍，徐子琳，等. 户外运动与养生保健 [M]. 上海：上海交通大学出版社，2016.

[11] 张道荣，陈建东，徐求. 田径与户外运动 [M]. 长春：吉林大学出版社，2016.

[12] 高洪杰，田莉，王松涛. 大学生户外运动 [M]. 哈尔滨：东北林业大学出版社，2016.

[13] 范春金，肖竹丁，莫双瑗. 户外运动与拓展训练指南 [M]. 长春：吉林大学出版社，2016.

[14] 蔡勇. 户外运动与安全防卫技能 [M]. 北京：北京师范大学出版社，2016.

[15] 冯建强，张健鹏，姚孔运. 大学生户外运动的多维度透析 [M]. 北京：光明日报出版社，2016.

[16] 牛小洪，董范，李伦. 野外生存 [M]. 武汉：中国地质大学出版社，2016.

[17] 何志强，曹厚文. 户外运动 [M]. 大连：大连理工大学出版社，2015.

[18] 杨绛梅. 户外运动 [M]. 北京：北京体育大学出版社，2015.

[19] 周遵琴，李森. 户外运动 [M]. 成都：四川大学出版社，2015.

[20] 胡昕，李政，马征. 大众户外运动 [M]. 长春：吉林大学出版社，2015.

[21] 马宝国，何胜军. 现代户外运动 [M]. 长春：吉林大学出版社，2014.

[22] 李涛，李屹峰，谢庆芝. 户外运动全方位指导教程 [M]. 北京：现代教育出版社，2014.

[23] 夏本立. 户外健身运动指南 [M]. 北京：人民军医出版社，2014.

[24] 周洪松，李佩聪，尹广义. 大学生户外休闲运动实践研究 [M]. 北京：中国时代经济出版社，2014.

[25] 周林清. 跑酷运动入门 [M]. 北京：金盾出版社，2014.

［26］张道荣，郭爱民，孟和宝力格．现代大学生户外运动与拓展训练［M］．长春：吉林大学出版社，2013．

［27］王建法，夏万峰，张微．现代大学生体能训练与户外运动拓展研究［M］．北京：中国时代经济出版社，2013．

［28］王蕾．定向运动与野外生存实用教程［M］．北京：中国轻工业出版社，2013．

［29］厉丽玉．户外运动与拓展训练［M］．杭州：浙江大学出版社，2012．

［30］王建国．户外运动指南［M］．芜湖：安徽师范大学出版社，2012．

［31］李久全，高捷．我国户外运动产业发展现状与对策研究［J］．北京体育大学报，2008，31（12）：1625-1627＋1676．

［32］余宇贤，宋天华．试探我国户外运动的前景［J］．阿坝师范高等专科学校学报，2006（51）：124-125．

［33］姜梅英．中国山地户外运动风险防范机制研究［D］．北京：北京体育大学，2013．

［34］李红艳．户外运动的理论与实践研究［D］．北京：北京体育大学，2006．